감정관리

감정관리

초판 1쇄   2020년 07월 27일

지은이   김영석
발행인   김재홍
디자인   이근택, 조혜수
교정 · 교열   김진섭
마케팅   이연실

발행처   도서출판 지식공감
등록번호   제2019-000164호
주소   서울특별시 영등포구 경인로82길 3-4 센터플러스 1117호 (문래동1가)
전화   02-3141-2700
팩스   02-322-3089
홈페이지   www.bookdaum.com
이메일   bookon@daum.net

가격   13,000원
ISBN   979-11-5622-519-5 03120

CIP제어번호   CIP2020026057
이 도서의 국립중앙도서관 출판예정도서목록(CIP)은 서지정보유통지원시스템 홈페이지(http://seoji.nl.go.kr)와 국가자료공동목록시스템(http://www.nl.go.kr/kolisnet)에서 이용하실 수 있습니다.

© 김영석 2020, Printed in Korea.

- 이 책은 저작권법에 따라 보호받는 저작물이므로 무단전재와 무단복제를 금지하며, 이 책 내용의 전부 또는 일부를 이용하려면 반드시 저작권자와 도서출판 지식공감의 서면 동의를 받아야 합니다.
- 파본이나 잘못된 책은 구입처에서 교환해 드립니다.
- '지식공감 지식기부실천' 도서출판 지식공감은 창립일로부터 모든 발행 도서의 2%를 '지식기부 실천'으로 조성하여 전국 중·고등학교 도서관에 기부를 실천합니다. 도서출판 지식공감의 모든 발행 도서는 2%의 기부실천을 계속할 것입니다.

행복 · 성공 · 인간관계
세 마리 토끼를
확– 잡는

감정관리

| 김영석 지음 |

지식공감

프롤로그

우리가 살면서 누리고 있는 모든 것들을 한 번 자세히 살펴보자. 집, 전기, 수도, 온수, 난방, 배수, 쌀, 배추, 옷, 자동차, 컴퓨터, 휴대폰, 책가방 하나하나 살펴봐라. 스스로 만든 것이 있는지. 거의 모두 남들이 만들어 준 것이다. 혼자서 스스로 만든 것은 거의 없다. 그렇기 때문에 사람들은 혼자서는 살 수가 없다. 다른 사람들과 더불어 살아야 한다. 그런데 감정이 이끄는 대로만 살아서는 다른 사람들과 더불어 살 수가 없다.

어떤 감정도 나쁜 감정은 없다. 공포, 분노, 질투, 슬픔 등 우리가 부정적으로 알고 있는 감정도 사실 모두 필요한 감정들이다. 저마다 역할이 있고, 과하면 부작용이 발생할 뿐이다. 감정관리는 각 감정이 제 역할을 하고 부작용이 안 생기게 함으로써, 더불어 살면서 행복과 성공을 추구하는 것을 목표로 한다.

이전에 저술한 『감정사분면』에서는 사람을 적대적 강자, 적대적 약자, 우호적 강자, 우호적 약자로 나누어 각 경우의 사람을 대면할 때 발생하는 감정들로 감정을 분류하였다. 이 책에서는 너가 강함, 너가 약함, 내가 강함, 내가 약함인 경우로 나누어 각 경우마다 발생되는 감정들로 감정을 분류하였다.

CONTENTS

8. 복합감정관리하기

제3장 | 마법의 주문 – 감정 근육

제4장 | 감정관리 비법을 통째로 외우자

현재 내가 느끼는 감정이 어떤 감정인지 인식한다.
그리고 감정별로 사전에 미리 세워둔 전략에 따라 생각하고 행동한다.

제1장

감정을
어떻게 관리할까?

내로남불을
받아들여라!

도살장으로 실려 가는 돼지

도로에서 돼지를 가득 실은 차를 간혹 보게 된다. 도살장으로 끌려가 먹을거리로 바뀔 것이다. 돼지는 동물들 중에서 나름대로 진화됐다는 평을 받는 동물이다. 돼지를 잘 관찰하여 보면, 애완견만큼 똑똑하다. 그런데 우리는 이 똑똑한 돼지를 아무런 죄책감도 없이 잡아먹고 산다. 돼지와 우리 인간은 다른 종이다. 자연계에서 최고로 진화된 포유동물로서는 같지만 종은 분명 다르다. 즉 인간과 같은 편이 아니다. 다른 편이므로 우리는 그들을 살해하여도 죄책감이 없다. 우리가 다른 편에게 자행하는 행위들은 도덕, 종교, 법, 양심을 적용하지 않는다.

무법 행위를 자행하는 멋있는 주인공

무협지를 보면 주인공이 사소한 분쟁으로 살인하는 장면이 자주 나온다. 독자들은 그 장면에서 대리만족을 한다. 주인공이 하는 행위는 살인이더라도 모두 잘한 것이다. 만약 진짜 현실이라면 상황이 달라진다. 살해당한 사람에게도 가족이 있을 것이고 그 가족들은 틀림없이 슬퍼하고 주인공을 보고는 분노할 것이다. 일반 소설, 영화, 드라마 모두 같은 맥락이다. 주인공이 하는 행위는 모두 정당하고 멋있게 보인다. 주인공은 우리 편 또는 나 본인으로 생각되므로 한없이 관대해진다.

유대인 학살

도살되기 위해서 차에 실려 가는 돼지와 같이 2차 세계대전 당시, 수많은 유태인이 기차로 끌려가 학살되었다. 무려 600만 명의 유대인을 죽였는데, 죄책감이 없었다고 한다. 집단 논리에 빠지면 자기편이 하는 행동은 모두 정당화된다. 현대 정치를 보아도, 진보와 보수, 좌익과 우익 등으로 나누어진다. 각 진영에서는 자기 진영의 사람에게는 한없이 관대하다. 그러나 반대 진영의 사람에게는 엄격한 법적 도덕적 잣대를 들이댄다.

기생충

기생충 중에서 달팽이에게 기생하는 놈이 있다. 원래 달팽이는 습하고 낮고 어두운 곳을 좋아한다. 그런데 이 기생충에게 감염이 되면 밝고 높은 나무꼭대기로 올라가게 유도된다. 기생충은 달팽이의 눈에 들어가 눈을 돌출하게 하고 그 속에서 현란하게 몸을 움직인다. 그러면 크게 돌출된 달팽이 눈은 무지개같이 형형색색으로 변화한다. 형형색색으로의 현란한 변화로 인하여 근처에 있던 새에게 쉽게 발각되고 잡아먹힌다. 그러면 달팽이와 함께 새의 창자 속으로 들어간 기생충은 알을 낳고, 그 알은 새의 변과 함께 바닥에 떨어진다. 다른 달팽이들은 그 변을 먹고 또다시 기생충에 감염된다. 이와 같이 기생충의 자기 후대를 남기는 전략은 타 생명을 자살시킴으로써 이루어진다. 종족보존을 위하여 남을 해치는 것이다. 당연히 도덕과 법률은 적용되지 않고 죄책감도 없다. 오로지 종족의 번영과 안위만 추구한다.

가게의 대형 간판

컴퓨터 가게를 변두리에 오픈하였다. 변두리이다 보니 매장 임대료가 저렴하여 큰 평수로 오픈할 수 있었다. 매장 전면이 보통 시내의 작은 매장들의 4배 정도의 크기였다. 간판이 수원에서는 그 어떤 가게보다 컸다. 변두리라 밤이 되면 어둡고 침침한 마을이었는데, 내 매장 덕분에 대낮처럼 환해졌다. 매장 뒤에 가정집들이 다소 있었는데 매장을 오픈하고 몇 달이 지난 어느 날 매장 뒤의 가정집에 사는 사람 중에서 한 사람이 매장에 들어왔다. 그 사람이 하는 말이 의외였다. 매일 저녁 매장 앞을 지나 집에 들어가는데 여기에 컴퓨터 가게가 생긴 것을 이제야 알았다는 것이다. 사람들은 자기가 관심이 있는 것은 금방 알아채지만, 관심이 없는 것은 아무리 크게 간판을 걸어도 모를 수 있는 것이다. 사람들은 이렇게 자기가 보고 싶은 것만 본다.

'내로남불'이란 말이 있다. "내가 하면 로맨스 남이 하면 불륜"이라는 뜻이다. '내로남불'에서는 도덕, 종교, 법, 양심은 남들에게만 적용된다. 나와 내 편 사람들에게는 적용되지 않는다. 내가 하는 것은 모두 정당화하고, 남이 하는 것은 새까만 안경을 쓰고 부정적으로 본다. 이집트 여왕 클레오파트라의 연인인 로마 총사령관 카이사르가 한 말이 있다. "대부분의 사람은 자기가 보고 싶은 현실밖에 보지 않는다."

'내로남불'은 카이사르의 말처럼 자기에게 유리하게만 현실을 보는 것이다. 운전하면 새치기를 당할 때가 있고, 피치 못하게 새치기를 하게 되는 경우가 있다. 새치기를 당할 때는 앞차에 내 차를 바짝 갖다 대어 차 간격을 줄임으로써 상대의 끼어듦을 방해한다. 반대로 내가 새치기를 하게 될 때는 상대의 이런 방해 운전에 대하여 욕을 하게 된다. 전형적인 '내로남불'의 모습이다.

　자연에 적응하여 살아난 자는 승자이고 죽은 자는 패자이다. 자연세계의 적자생존의 법칙은 인간세계에도 적용된다. 그래서 지구상에 현재 살아남아 존재하는 인간들은 원초적으로 남을 이기려는 욕망을 가지고 있다. '내로남불'도 적자생존의 법칙이라는 큰 테두리 안에 있다. 내 편이 잘되어야 내가 살아남는 데 유리하므로 내 편을 응원하는 것은 당연하다. 그러므로 사람들은 내 편이 하는 것이 잘못된 것인데도 불구하고 지지한다. 따라서 '내로남불'은 적자생존이라는 자연의 법칙에 충실히 따르는 현상이므로 욕할 필요가 없는 자연스러운 것이다.

　스포츠 정신이라는 말이 있다. 꼼수를 부리지 않고 비겁하지 않은 정정당당한 정신이라는 뜻인 이 말은 건전한 의미로 쓰인다. 스포츠는 이기기 위한 게임이다. 지기 위한 것이 아니다. 스포츠는 적자생존의 법칙으로 탄생한 것이라고 볼 수 있다. 적자생존의 법칙에 따라 탄생한 자연스러운 '내로남불'이 부도덕한 것이라면 건전한 의미로 쓰이는 스포츠 정신도 부도덕한 것이다.

　이 세상에 바꿀 수 없는 것이 2개가 있는데 그것은 과거와 타인이라고 한다. '내로남불'로 살고 있는 타인들에게 아무리 그렇게 살지 말라고 한들 그들이 바뀌지 않는다. 올바르게 살라고 설득하는 헛된 노력을 하지 말라. '내로남불'하는 사람들을 그대로 받아들이고, 그들과 잘 지내자. 그러기 위해서는 역지사지의 개념으로 그들이 원하는 욕망을 충족시켜 주는 것인데 그것은 바로 져주는 것이다. 져주는 것과 지는 것은 다르다. 지는 것은 안과 바깥, 내 마음속과 외부 표현 모두 지는 것이다. 그러나 져주는 것은 바깥, 즉, 외부 표현만 지는 것이지, 내 마음속까지 지는 것이 아니다. 내 마음은 당당하게 행복을 추구하고, 표현만 부드럽게 져주는 것이다.

'내로남불'을 극복하기 위해서는 내 편, 상대편으로 나누는 것이 아니라 서로 하나라는 것을 인식하는 것이 우선이다. 서로 나누어져 싸우는 것은 같이 망하는 것이다. 의견이 다르더라도 서로를 이해하며 하나로 뭉쳐 같이 살아나가야 한다. '내로남불'의 사람들을 끌어안고 받아들이자. 그리고 그들과 같이 행복의 길로 가기 위하여 그들에게 슬기롭게 져주자. 이 책에서의 감정관리는 져주는 것을 기본 원리로 한다.

감정관리
전략을 세워라!

터미네이터(The Terminator, 1984)

영화 〈터미네이터〉를 보면 주인공을 도와주는 선한 로봇보다 레벨이 업그레이드된 고차원 악당 로봇은 유연하게 자유자재로 몸의 형태를 변형시키며 싸움에서 우위를 점유한다. 유연함은 감정관리에도 적용된다. 사람이 살다 보면 다양한 상황에 직면하게 된다. 그때마다 다양한 다른 감정들이 발생한다. 여러 다른 다양한 감정들에 대하여 모두 같은 대처법으로 경직되어 대처하면 안 된다. 고차원 로봇이 상황에 맞게 몸을 변화시키는 것처럼 각기 다른 감정에 대한 관리도 모두 그 감정에 맞게 유연하게 변화시켜야 한다.

조선시대 왕

조선시대 역대 왕들의 평균수명은 46세이다. 그 당시 남자들의 평균수명이 35세이었으니, 일반 백성들보다는 오래 살았다. 그러나 현대인과 비교하면 많이 짧은 수명이다. 어의를 항상 곁에 두며 건강을 관리하였는데 불구하고 오래 못 산 이유는 영양가 높은 음식을 많이 섭취하는 데 비하여 운동이 부족하여 비만과 같은 각종 성인병에 걸렸기 때문이다. 감정도 마찬가지이다. 과한 영양분이 건강에 안 좋은 것처럼 과한 감정도 좋지 않다. 과해진 감정은 감정관리법으로 다스리자.

4가지 종류의 리더

① 머리가 좋고 열심히 일함.
② 머리가 좋고 게으름.
③ 머리가 나쁘고 열심히 일함.
④ 머리가 나쁘고 게으름.

이 중에서 가장 좋은 리더는 당연히 머리가 좋고 열심히 일하는 리더이다. 그러면 가장 나쁜 리더는 누구일까? 얼핏 잘못 생각하면 머리가 나쁘고 게으른 리더를 생각할 수 있다. 지능, 근면 모두 안 좋은 것이기 때문이다. 리더가 아닌 사람이라면 이것이 보편적으로 맞다. 그러나 리더의 결정과 그 결정의 추진은 리더가 이끄는 조직의 운명에 절대적으로 영향을 끼친다. 머리가 나쁜 리더가 잘못된 결정을 하였더라도 그 리더가 게으르다면 나쁜 길로 가는 길은 천천히 진행되므로 다시 길을 수정할 시간은 벌 수 있다. 그러나 머리가 나쁜 리더가 잘못된 결정을 하고 그것을 열심히 적극적으로 추진한다면 그 조직의 미래는 급격히 어두워질 것이다.

감정관리도 마찬가지이다. 평소 감정관리를 생각하지 않고 있다가, 각 감정이 발생 시 감정의 지시대로 적극적으로 열심히 행동한다면 그것이 바로 머리가 나쁘고 열심히 일하는 최악의 경우에 해당한다. 그 사람은 매일 타인들과 전쟁만 하면서 불행하게 살게 될 것이다. 반대로 평소 감정관리를 생각하다가 각 감정이 발생 시 그 감정관리를 적극적으로 도입하여 행동하는 것이야말로 머리가 좋고 열심히 일하는 최고 좋은 경우에 해당된다.

살다 보면 여러 가지 다양한 상황들을 만나게 된다. 그때마다 우리는 어떻게 처신을 해야 잘 하는 것인지 고민하게 된다. 인생에서 100% 정답은 없다. 그러나 낙제점은 곤란하다. 외톨이가 될 수도 있고, 감옥에 갈 수도 있다. 답은 감정에 있다. 감정은 이미 우리가 어떻게 해야 하는지 방향을 제시하여 주고 있다. 그러므로 우리는 감정이 제시하는 방향이 맞는지 틀리는지만 따지면 된다. 이때 반드시 생각하여야 할 것이 있다. 그것은 감정은 나만 생각하는 이기적인 놈이라는 것이다.

감정은 나와 한평생 같이 존재한다. 이 감정의 지시에 따를 것인가? 아니면 이 감정을 이용할 것인가? 감정의 지시에 따르는 것은 남을 이기려고 하는 것이고, 감정을 이용한다는 것은 나를 이기는 것이다. 남을 이길 것인가? 나를 이길 것인가? 이것은 선택의 문제이다. 능력의 문제가 아니다. 아무 생각 없이 살 때는 보통 감정의 지시대로 생각하고 행동한다. 그러나 감정을 관리하며 살 때는 감정을 인식하고 그 감정에 대한 대처를 생각하고 판단하고 행동한다.

감정은 양날의 칼이다. 감정은 존중하되 그렇다고 감정의 노예가 되면 안 된다. 감정은 올바르게 사용하여야 한다. 감정을 올바르게 사용한다는 것은 감정이 격해짐으로써 오는 부작용을 방지하고, 감정의 원 기능을 살리는 것이다. 그래서 감정은 과해도 안 되고, 덜해도 안 된다. 감정은 장점과 단점이 같이 있다. 장점은 활용하고 단점은 방지하여야 한다.

감정을 전혀 감지하지 않고 감정대로 사는 사람은 당연히 문제가 된다. 그러나 감정을 감지하며 살아도 감정관리가 제대로 되지 않으면 역시 문제이다. 예를 들면, 질투 감정이 생기면 '내가 질투하고 있네. 못난 것 같으니.' 이렇게 속으로 생각한다. 공포 감정이 생기면 '아이쿠! 또 떨리네. 여기서 떨리면 안 되는데. 큰일 났다.' 이렇게 속으로 생각한다. 모두 잘못된 생각이다. 감정이 발생할 때 그 감정을 없애야 할 나쁜 감정이라고 생각하지 말라. 이 세상에 나쁜 감정도 없고 좋은 감정도 없다. 단지 그 감정이 그 상황에서 필요하므로 발생한 것이다. 그렇다고 감정이 시키는 대로 생각하고 행동하는 것 또한 지양해야 한다.

사람이 감정에 빠지게 되면 감정이 시키는 대로 생각하게 되어있다. 그렇게 나온 생각을 바탕으로 행한 행위는 인간관계에 부정적이기 쉽다. 예를 들면 분노가 시키는 대로 비난하고 폭력을 행사하는 것, 슬픔이 시키는 대로 절망하여 자살하는 것, 질투로 남을 비난하는 것 등등은 모두 감정이 시키는 생각의 결과들이다. 그렇다면 답은 무엇인가? 모든 감정들의 감정관리법을 평소 외워두었다가 어떤 감정이 발생되면 그 감정의 감정관리법대로 실행하는 것이다. 즉, 미리 준비해 두었다가 준비된 것을 시행하는 것이다.

사람들은 일반적으로 어떤 상황이 발생하면 그 상황에 따라 감정이 발생하고 그 감정이 이끄는 대로 생각하고 행동한다. 감정은 실제 무엇인가의 액션을 요청하는 것이다. 감정에 사로잡히게 되면, 이 액션을 급격하게 할 수 있다. 과거 원시 사회에서는 생명의 안전 목적이 크므로 공포 등의 감정에 빨리 대처하여야 하였다. 그러나 현대 사회에서 보통 이렇게 빨리 감정 처리를 하다 보면 사회생활에 부정적 결과를 낳게 된다. 감정 처리 과정을 도표로 그리면 다음과 같다.

상황 발생 → 감정 발생 → 감정이 이끄는 대로 생각 →
행동 → 인간관계에 부정적

전쟁터에서 장군들이 전략을 세우면 그 전략을 바탕으로 장군 밑의 장교들이 전술을 짠다. 전략이 잘못되면 장교가 힘들게 노력하여 전술을 잘 만들수록 더욱더 빨리 부하들을 죽음의 수렁으로 몰아넣는다. 전략은 방향이다. 방향이 잘못되면 빨리 갈수록 빨리 죽는 것이다. 감정이 이끄는 대로 생각하고 하는 행동은 전략이 없거나 잘못된 전략이다. 인간관계를 더욱 나쁘게 할 뿐이다. 그러나 감정관리를 하는 생각 행동 흐름은 다르다. 이것을 도표로 그리면 다음과 같다.

상황 발생 → 감정 발생 → 감정 인식 →
감정관리에 따라 생각 → 행동 →인간관계에 긍정적

감정관리를 하지 않는 방식은 감정유발인자와의 싸움에 노력을 집중하지만, 감정관리를 하는 방식은 감정 자체와의 싸움에 더 집중한다. 이 방식에서는 감정 인식이라는 단계가 삽입되어 다소 행동이 지연된다. 그러나 인식된 감정별로 사전에 미리 세워둔 전략에 따라 생각한다. 이 전략들은 모두 인간관계를 위한 전략이므로 당연히 주위 사람들을 나에게 호의적이게 만든다. 즉 인간관계에 긍정적인 것이다.

질투, 슬픔, 공포, 분노 등 모든 감정은 사람이 살아가는데 전부 필요한 것으로서 모두 그 기능이 있다. 단지 과해지면 부작용이 발생할 뿐이다. 기능은 장점이고, 부작용은 단점이다. 감정은 약하면 기능을 제대로 수행하지 못하고 반대로 과하면 부작용이 발생한다. 감정을 관리한다는 것은 기능은 살리고, 부작용은 없애는 것이다. 감정관리는 크게 감정 기능 이행과 부작용 방지로 나눠진다.

감정관리는 좋은 인간관계, 행복, 성공을 목적으로 하는데 감정의 원 기능은 이기적이며 동물적이기 때문에 이 책에서 감정관리는 부작용 방지에 더 중점을 두었다. 그렇다고 감정의 원 기능을 무시하지 않는다. 원 기능도 살아나가는 데 필요하기 때문이다. 원시 사회에서는 위험한 상황에서 공포 등 감정에 즉각 반응하여 도피 등을 실행하여야 살아남을 수 있었다. 그러나 현대 사회에서는 군대, 경찰 등 주위의 도움을 받고 있기 때문에 반응 속도가 그렇게 중요하지 않다. 오히려 감정에 따르는 행동은 대부분 동물적이고 이기적인 행동이기 때문에 사회생활에 부정적이기 쉽다. 따라서 감정에 즉각 반응하여 감정의 기능을 따르는 행동은 잠시 보류한다. 행동을 하지 말라고 하는 것은 아니다. 잠시 보류할 뿐이다. 한 템포 느리게 가는 것이다. 이성으로 찬찬히 판단한 후, 감정의 원 기능을 실천할지 말지 결정하는 것이다. 실천이 결정되었으면 실천하되, 부작용 방지에 신경을 쓰는 것이다.

감정 근육은
마법의 주문이다!

어린아이 유괴 시험

한 연구기관에서 실험을 하였다. 어린아이들이 유괴범에게 잡혀가는 확률에 대한 시험이었다. 첫째 그룹의 아이들에게는 어떤 교육도 시키지 않았다. 그 그룹의 아이들은 대부분 특별한 저항 없이 잡혀갔다. 둘째 그룹의 아이들에게는 이론상으로만 교육을 시켰다. 교육 내용은 모르는 어른이 다가와 갖은 거짓말로 아이를 데려가려고 할 때, "싫어요."라고 거절하고 도망치라는 내용이었다. 이 그룹의 아이들은 절반 정도가 유괴되지 않았다. 세 번째 그룹의 아이들에게는 이론 교육에 실습까지 하였다. 이 그룹의 아이들은 거의 대부분 유괴되지 않았다.

이 실험결과를 보면, 실습의 효과가 증명된다. 감정관리도 마찬가지이다. 평소 각 감정의 감정관리법을 외워둔다. 그리고 실생활에서 각 감정이 발생하였을 때, 마음속으로 해당 감정의 감정관리법대로 생각하고 행동한다. 이것을 자주 반복하면 거의 유괴되지 않는 세 번째 그룹의 아이들처럼 감정에 휘둘려지지 않을 것이다.

약의 도움 없이 성생활이 개선된 부부

부부간의 성생활이 좋지 않은 한 부부가 있었다. 어느 날 부부는 성생활을 다시 좋게 할 수 없는지 알아보기 위하여 병원을 찾았다. 의사는 약은 처방해주지 않고 치료 비법을 남편에게만 알려 주었다. 그 날 이후, 약을 먹지도 않았는데 마법과 같이 남편이 신혼시절처럼 밤일을 잘하는 것이었다. 그런데 어느 날 부부관계를 하던 중, 아내는 만족을 하지도 않았는데, 남편이 일어나 화장실로 가는 것이었다. 아내가 한참을 기다려도 화장실에서 남편은 나오지를 않았다. 아내는 궁금하여 화장실에 귀를 갖다 대었다. 화장실 안에서 남편이 중얼거리는 소리가 들렸다. 자세히 들어 보니, 남편은 혼잣말로 계속 중얼거리고 있었다.

"저 여자는 내 마누라가 아니다."

우리나라에서는 요즘 불륜이 대중화된 상태까지 왔다. 몇 명에 한 명 꼴로 배우자가 바람을 피운다고 한다. 이것은 남자나 여자나 인간은 동물로서 새로운 이성이나 젊고 건강한 이성에게 당연히 마음이 끌리기 때문이다. 그래서 매일 보는 자기 부인이 아닌 다른 여인이 끌리게 되는 것이다.

인간은 청개구리 같은 습성이 있다. 못하게 하면 오히려 하고 싶고, 가지지 못하게 하면 더욱 갖고 싶다. 이것이 불륜을 만들어 내는 것이다. 그래서 자율신경반응인 발기 현상을 만들어 내기에는 식상한 부인보다, 다른 여인이 더욱 효과를 내게 되는 것이다. 만약 발기 현상에만 신경을 쓰고, 발기하려고 할수록 발기는 오히려 더 안 된다. 이성으로는 직접 자율신경을 통제할 수가 없기 때문이다. 오히려 불안 감정만 더욱 유발된다. 발기 상태는 잊어버리고, 발기를 촉발시키는 감정을 만들어야 한다. 생각을 바꿈으로 감정이 바뀌고, 감정이 자율신경작용을 원하는 대로 만들어내는 것이다.

피겨스케이팅 김연아 선수

피겨스케이팅 김연아 선수에게 기자들이 물었다.

"당신의 경쟁자 아사다 마오는 트리플 악셀 기술을 잘 하는데, 당신도 그것을 하면 더욱 유리할 텐데. 어떻게 생각하시나요?"

"저는 그렇게 생각하지 않습니다. 그 기술을 연마할 시간에 제가 잘 하는 것을 더욱 잘하게 하는 것에 시간을 투자할 것입니다."

결승전에서 두 선수는 만났다. 승자는 김연아 선수였다. 못하는 것에 시간을 투자하지 않고 잘하는 것에 시간을 투자한 김연아 선수가 이긴 것이다. 감정은 우리가 제어를 잘하고 못하는 것을 넘어서 제어가 아예 불가능한 것이다. 제어가 불가능한 감정에 쓸데없는 노력을 하지 말고, 제어가 가능한 감정관리법에 시간을 투자하자.

분노조절장애를 가진 사람들은 분노로 인하여 자신에게 돌아오는 나쁜 결과들을 많이 보아왔기에 분노가 자신에게 사라지기를 원한다. 대인공포를 가진 사람들은 공포가 싫어 없애기를 원한다. 그러나 사고로 뇌를 다치거나, 아니면 진짜 신이 있어 신이 해준다면 모르지만, 분노, 공포 등 우리 몸의 감정들을 아직 현대 의술로는 인위적으로 없애는 것이 불가능하다. 만약 인위적으로 감정을 강제로 없앨 수 있어 없앤다면 그것은 감정이 있을 때보다 훨씬 나쁜 결과가 올 수 있다. 예를 들어 공포가 없어진다면 오히려 그때부터는 그 사람은 위험에 노출되게 된다. 공포가 있는 사람은 위험을 피하게 되지만, 없는 사람은 무방비로 위험에 다가가기 때문이다.

공포 이외의 다른 감정들도 모두 필요한 것이다. 감정들을 적으로 돌려 없애려고 하지 말고, 감정들은 우리 몸의 일부란 사실을 받아들여야 한다. 그렇다고 감정의 노예가 되어서는 안 된다. 감정이 너무 커져 생각을 앞서게 되면 인간관계가 부정적으로 간다. 감정이 너무 커지지 않도록, 감정을 관리하는 수단을 발전시켜야 한다.

감정은 우리의 의지로 마음대로 바꿀 수 없다. 기뻐해야 한다고 기뻐지지 않고, 슬퍼하지 말아야지 한다고 슬픔이 없어지지 않는다. 화내지 말아야지 하면 더 화가 나고, 무서워하지 말아야지 하면 더 무서워진다. 이렇게 감정은 의지와 역행하는 성질이 있다. 그렇다면 감정을 어떻게 바꿀 것인가? 그것은 생각을 바꾸는 것이다.

생각을 바꾸면 감정이 바뀐다. 감정 근육은 감정관리를 위한 생각이다. 감정 근육을 사용하여 생각을 바꿈으로써 감정을 관리할 수 있다. 감정과 감정에 따른 신체 증상은 어떤 때는 생기다가 어떤 때는 생기지 않는다. 즉, 마음대로 조절이 되지 않는다. 그러나 감정 근육은 마음먹은 대로 조절이 가능하다. 조절이 가능한 감정 근육으로 감정에 맞서 싸우게 한다.

공포를 예로 들어보자. "용기란 두려움이 없는 것이 아니라, 두려움에 맞서 싸우는 것이다"라는 말이 있다. 두려움, 즉 공포는 감정이다. 감정인 공포를 없앨 수는 없다. 용기 있는 자는 공포에 맞서 싸우는 자인 것이다. 그런데 어떤 무기를 가지고 공포라는 감정과 싸울 것인가? 그것은 '결사'라는 감정 근육이다. '결사'는 죽기를 각오하는 자세를 말한다. 죽기를 각오하면 공포 감정이 오히려 겁을 먹고 사라진다.

감정관리는 감정별로 한 개 또는 여러 개의 감정 근육을 사용하는 것이다. 감정 근육은 마법의 주문이다. 동화에서 "열려라 참깨~" 하면 보물창고 문이 열리듯이 감정 근육을 마음속으로 외치기만 해도 격해졌던 감정이 차분히 가라앉는다.

감정 근육은 감정관리를 위한 생각이며 행동으로서 좋은 인간관계, 행복을 목적으로 하며, 모두 두 글자 단어로 만들었다. 이 책에서 정의한 감정 근육은 '시도', '배려', '언시', '인정', '버림', '관망', '공감', '결사', '긍정', '포용', '원윈', '능동', '감사', '인내', '즐김', '사랑'이다.

각 감정별로 사용되는 감정 근육들은 100% 정답이 아니다. 저자가 연구한 감정관리법일 뿐이다. 독자의 입장에 맞게 변경 또는 새로운 감정 근육을 만들어 적용하여도 된다. 그런데 지켜야 할 것이 있다. 그것은 감정이 시키는 대로만 만들지 말라는 것이다. 감정의 기능에는 부작용이 따른다. 감정은 나를 위하여 작동하는 것이다 보니, 그 기능이 과해지면 타인에게 피해를 주는 부작용이 발생한다. 그래서 감정이 시키는 대로만 감정 근육을 만들어 사용하면 인간관계에 도움이 되지 않는다. 감정이 시키는 것은 남을 이기려고 하는 것이다. 인간관계에 도움이 되는 방향은 남에게 져주는 것이다. 그러므로 감정 근육을 새롭게 만들 때는 남에게 져주는 방향으로 만들어야 한다.

감정사분면으로
감정관리 비법을 외워라!

바보 법칙

불이 난 곳에 갇힌 사람은 아이큐가 평상시보다 상당히 떨어져 바보 수준으로 변한다고 한다. 앞사람만 쫓아가고, 환한 곳으로만 가고, 불이 난 곳의 반대 방향으로만 가고, 들어 왔던 출입문으로만 간다. 그래서 결국 한 곳에 모두 모여 집단으로 죽어있는 경우가 많다. 그래서 소방 피난 법칙 중에는 바보 법칙이 있다. 바보도 알 수 있도록 피난 통로를 알기 쉽게 표시하는 것이다. 연단에 서면 머리가 하얘지는 현상도 공포로 발생하는 것이다. 분노도 마찬가지다. 어떤 사람은 분노 폭발로 오랜 시간 쌓아온 공든 탑을 한순간에 무너트린다. 공포, 분노뿐만 아니라 다른 감정들도 그 감정에 너무 빠져 있으면 바보처럼 세상을 제대로 보지 못하게 한다. 그래서 평소 감정관리 비법을 외워두면, 감정으로 인하여 바보가 되어도 적절한 대처가 가능하다.

감정관리를 감정사분면이란 표를 이용하여 알기 쉽게 설명하였다. 감정사분면은 감정이 발생하는 상황을 사분면 형태로 정리한 것이다. 사분면은 4개의 면으로 나누어지는데 각 면은 너가 강할 때, 너가 약할 때, 내가 강할 때, 내가 약할 때이다. 사분면에서 상변은 강할 때, 하변은 약할 때, 좌변은 '너'이고, 우변은 '나'이다. 이것을 조합하여 정리하면 다음과 같다.

1사분면(나강) : 우측 상변으로 내가 강할 때
2사분면(너강) : 좌측 상변으로 너가 강할 때
3사분면(너약) : 좌측 하변으로 너가 약할 때
4사분면(나약) : 우측 하변으로 내가 약할 때

	너	나
강	너강 (2사분면)	나강 (1사분 면)
약	너약 (3사분면)	나약 (4사분면)

회사라는 공적 인간관계 전쟁터에서
남들이 죽창을 들고 출근할 때,
나는 기관단총을 들고 출근한다.
기관단총은 '칭찬', '인정'이다.

제2장

감정관리
비법을 공개합니다

인생을 바꾸는 8가지 감정관리 기술

1

—

일 잘하기

편안할 때 준비하라!

끌려 갈 것인가? 아니면 끌고 갈 것인가?

옆 아파트 관리사무소의 과장이 나에게 자기 자랑을 하였다. 그 과장의 상사인 소장은 직원 관리가 능숙하였다. 사무실 근무 분위기를 휘어잡으며 자기 마음에 들지 않는 직원은 왕따를 시키거나 투명인간 취급을 하였다. 그 소장에게 잘 보이지 못하면 회사 생활이 곤란하게 된다. 그런데 이 소장이 개인적으로 법적인 문제에 휘말렸다. 이때, 이 과장이 마침 그 법에 대하여 잘 알고 있어 해결하는 데 도움을 주었다고 하면서 그 이후로 소장과 잘 지내고 있다는 내용이었다.

나는 속으로 코웃음을 쳤다. 나의 경우는 평소 편안할 때, 급하지는 않지만 중요한 업무를 미리 처리하고, 매일 아침 직원들을 불러 회의를 하면서 업무지시를 하여 일이 없어 놀게 하지 않았다. 회의가 끝나면 바로 업무에 들어가서 계획적, 능동적으로 처리하였다. 이렇게 평소 급하지는 않지만 중요한 일들을 찾아 전체적으로 업무를 끌고 나가다 보니 모든 업무들이 일사불란하게 처리되었고, 자동적으로 소장의 일을 많이 덜어 주게 되었다. 그래서 소장은 출근하여 거의 놀았다. 저녁에 퇴근하면 인사가 "오늘도 잘 놀았네."이다.

옆 아파트 과장은 소장의 눈치를 보며 소장에게 잘 보여야 하지만, 나는 업무를 주체적, 능동적으로 끌고 가면서 소장이 오히려 나에게 잘 보여야 하는 상황인 것이다.

COVID-19

2019년 12월에 중국 우한에서 발병한 코로나, 세계 사람들은 남의 나라 이야기로 여기고 중국에 대한 입국 금지로 간단히 대책을 하고 강 건너 불구경하듯 하였다. 그러나 2020년 3월이 되자, 이 전염병은 세계의 모든 나라들을 덮쳤다. 그러자 생필품 사재기가 나타났고 슈퍼마켓의 생필품 진열대는 텅텅 비워졌다. 미국에서는 생필품을 사지 못한 사람들이 식사를 못하는 지경까지 되었다. 이미 중국의 확진자와 사망자의 수를 넘긴 이탈리아는 외출금지령까지 내려졌다. 인도에서는 경찰이 무단 외출자들을 몽둥이로 폭행하였다. 중국에 전염병이 퍼질 때, 대비하였다면 이와 같은 일이 생기지 않았을 것이다.

국가에서는 사회적 격리를 위한 국민 계도, 마스크, 에크모 장비 등의 준비, 확진자 조사 및 격리 방법 강구, 확진자 치료 전문병원 확충 등의 준비를 하였어야 했고, 개인은 사회적 격리의 실천, 마스크와 생필품 등을 미리 준비하였어야 했다. 이것을 하기 위하여서는 위기의식이 있어야 한다. "지금까지 괜찮았으니까 앞으로도 별문제 없을 거야." 하는 안일한 태도는 이런 위기 상황에서는 위험하다.

편안한 감정의 감정 근육은 '시도'이다. 편안할 때 하여야 할 시도는 급하지는 않지만 중요한 일의 처리이다. 평소에 위기에 대해 준비하는 것이야말로 급하지는 않지만 중요한 일인 것이다.

편안할 때 하여야 할 일
- 나라는 평온할 때 전쟁을 대비하여야 한다.
- 회사는 잘 나갈 때 다음 상품을 준비하여야 한다.
- 개인은 평상시 급하지는 않지만 중요한 일을 해 두어야 한다.

4가지 종류의 업무

① 급하고 중요함
② 급하고 중요하지 않음
③ 급하지 않고 중요함
④ 급하지 않고 중요하지 않음

이 중에서 당연히 급하고 중요한 것을 먼저 처리하여야 한다. 그러나 이것은 당장 닥쳤을 때의 일이고, 중요한 것은 평소의 일하는 습관이다. 일을 못하는 사람에게는 급하고 중요한 일이 자주 생긴다. 평소 준비하지 않았기 때문이다. 이런 사람은 한가한 업무 시간에는 자주 업무 외의 것으로 시간을 보낸다. 일을 잘하는 사람의 일하는 습관은 다르다. 이들은 한가할 때 놀지 않고, 급하지는 않으나 중요한 일을 미리 해둔다. 사고를 미연에 방지하는 것이다.

••• **편안함** •••

역할 : 계속 가지고 싶은 감정이다. 몸과 정신을 편안하게 함으로써 다음 활동을 위하여 에너지를 충전하게 한다.

부작용 : 편안함을 추구하면 게을러진다.

감정 근육 : '시도'

새로운 것 또는 더 많은 것의 처리를 시도한다. 서 있으면 앉고 싶고, 앉아 있으면 눕고 싶어진다. 편안함에 빠지다 보면 점점 더 깊숙이 빠지게 되어 결국 나태해지고 게을러지고 만다. 그래서 새로운 것에 대한 시도도 하지 않게 되고, 더욱 많은 것의 처리가 가능한데도 하지 않게 된다. 사회는 치열한 경쟁 구조이다. 여유가 있어 편안함을 추구하면, 곧 추월당하게 된다. 편안할 때 다음을 준비하자.

부담스러우면
하나하나 처리하라!

기회라는 동물

　기회라는 동물은 앞머리는 길지만 뒷머리는 대머리이다. 기회가 왔을 때, 부담감으로 잡지 않고 머뭇거리다가 기회가 지나갈 때 뒤에서 잡으려고 하면 대머리라서 잡을 수가 없다. 사람들은 부담되는 상황을 피하게 된다. 다른 사람들이 피할 때, 홀로 부딪쳐 그것을 해결한다면 다른 사람들보다 유리한 고지에 올라갈 것이다. 부담이라는 위기가 찾아올 때, 오히려 위기를 기회로 만들자.

운동으로 멋진 몸매 만들기 비법

　많은 사람들이 건강하고 멋진 몸매는 원하지만, 운동은 하지 않는다. 다른 이유도 많겠지만, 가장 큰 이유는 부담감일 것이다. 부담감을 극복하여 운동은 하고 있지만, 방법이 틀린 사람도 있다. 빠른 시간 내에 멋진 몸을 만들 욕심으로 무리하게 운동을 하거나, 운동 방법을 숙지하지 못하고 운동하는 경우이다. 예를 들면, 매일 런닝머신을 하고, 매일 같은 웨이트 기구 운동을 하는 경우이다. 이런 방법으로 하면, 힘들어 포기하거나 다칠 수 있다. 근육은 제대로 운동을 하게 되면, 48시간 이상을 쉬어야 한다. 쉬는 동안 충분한 영양섭취를 하게 되면, 근육이 더욱 커지게 되어 멋진 몸매를 가질 수 있게 된다. 그렇지 않고 그 이내에 다시 운동을 하게 되면 근육이 손상되어 오히려 줄어들고, 심지어 다칠 수 있다. 그래서 운동을 제대로 충분히 하였으면, 2일 이내는 같은 부위의 운동을 하지 말아야 한다. 반면에 1주일 이상을 쉬면 근육은 원래대로 돌아오게 되어, 운동 효과가 사라진다. 그리고 운동은 삼박자가 맞아야 한다. 운동, 영양섭취, 휴식이다. 여기에 맞추어 운동 종류, 운동 시간, 식사 내용, 식사 시간, 휴식 시간을 계획하고, 그 일정이 되면 계획 내용을 시도한다. 이것을 제대로 하면 여름 해수욕장에서 멋진 몸매를 자랑할 수 있게 될 것이다. 참고로 저자의 운동을 소개한다. 월요일과 목요일에 각각 2시간씩 헬스장에서 운동을 한다. 운동은 가슴, 등, 어깨, 팔, 배, 허리, 다리 등 전체적으로 모두 한다. 전체를 한 번에 할 생각을 하면 엄두가 나지 않지만 부위별로 나누어 쉬면서 하나하나 하면 2시간 이내에 충분히 끝나게 된다. 나머지 요일은 휴식한다. 운동에 대한 부담감을 떨치는 방법은 한 개씩 운동을 즐기는 것이다.

낮과 밤

지구의 자전으로 인하여 지구의 대부분의 지역은 낮과 밤이 존재한다. 밤은 어두워 활동이 힘들고 위험하다. 그래서 밤에는 쉬고 낮에 일하도록 인간은 진화되었다. 만약 밤에 쉬지 않는다면 낮에 적당히 쉬면서 일해야 한다. 그렇지 않으면 피곤해진 몸은 외부의 위협에 재빠른 피신을 못하여 위험해질 수 있다. 그런데 밤에는 잠을 자면서 피곤을 풀수 있기 때문에 낮에 과도한 활동을 하여 사냥 등의 생존활동을 할 수 있는 것이다. 낮에 과도한 활동을 하도록 진화된 것이다. 그러므로 '부담감'이 생기더라도 그 일을 피하지 말고 하나하나 처리해 나가자. 어차피 밤에 쉬면서 회복할 수가 있다.

••• 부담감 •••

역할 : 사람은 적당히 쉬면서 일해야 한다. 그렇지 않으면 피곤해진 몸은 외부의 위협에 재빠른 피신을 못하여 위험해질 수 있다. 부담감은 몸이 피곤해지는 것을 피하게 한다.

부작용 : 작은 부담에도 강하게 반응하여 포기하면 성공하기가 힘들다.

감정 근육 : '원원(one one)'

하나하나 처리한다. 한 번에 모두 처리할 생각을 버리고, 나누어서 하나하나 처리한다. "천재는 노력하는 자를 이길 수 없고, 노력하는 자는 즐기는 자를 이길 수 없다."라는 말이 있다. '원원' 감정 근육은 힘든 일을 쉽게 만들어 주어 즐길 수 있게 하여 준다.

가소로운 자에게
칭찬의 선물을 줘라!

보헤미안 랩소디(Bohemian Rhapsody, 2018)

주인공은 급격한 성공에 취해 팀에서 나와 독립하지만 새롭게 구성한 팀의 활동은 처참히 실패하고 결국 다시 원래 팀으로 복귀한다. 이전보다 불리하게 계약을 하였고, 복귀할 때 원래 팀원들에게 한 말이 있다. "그들은 너무나 내 말을 잘 들어. 나를 반대하는 적이 없어." 주인공의 뜻대로만 좌지우지되는 연습이었다.

원래 팀의 공연은 여러 사람들이 서로 자유롭게 반대 의견을 내면서 만들어지므로 다양한 아이디어들이 반영되었다. 그것이 바로 히트로 연결되었다. 그러나 독립하여 만든 팀의 공연은 주인공 독단으로 만들어졌다. 한 사람만의 취향으로 만들어졌기 때문에 지루하고 다양하지 못해 결국 실패한 것이다. 팀원들이 모두 주인공 눈치만 보았기에 편했지만 그것이 실패로 연결되었다. 반대로 원래 팀의 팀원들은 서로 의견이 맞지 않아 즉, 코드가 맞지 않아 갈등이 많았다. 그러나 그러면서 새로운 아이디어들이 공연에 녹아 들어갔다. 그것이 성공으로 연결되었다.

사람이 살다 보면 사회생활에서 자기와 맞는 사람들하고만 지낼 수는 없다. 성공하기 위해서는 자기와 코드가 맞지 않는 사람들도 무시하지 말고, 배려하여야 한다. 자기와 코드가 맞는 사람들은 자기와 동일한 유형일 수가 있어, 능력 분야도 비슷하다.

그러나 조직은 다양한 유형의 사람이 서로 상호작용을 하며 어떤 일들을 이루어낸다. 동일한 유형의 사람만 존재하기가 힘들다. 코드가 맞는 사람들로만 이루어진 편한 조직은 변화하는 환경에서의 적응력이 오히려 떨어질 수 있다. 약하다고 무시하고, 코드가 맞지 않다고 무시하고 그들과 상대하지 않으면 그만큼 인간관계만 좁아질 뿐이다.

피그말리온 효과

그리스 신화에서 조각가 피그말리온이라는 사람이 자기가 조각한 여인상을 너무나 좋아하여 이에 감동한 여신이 조각상에게 생명을 불어넣어 주었다. 이처럼 타인의 기대나 관심으로 능률이 오르는 현상을 피그말리온 효과라고 한다. 여기서 피그말리온 조각가는 타인이고, 능률이 올라간 주체는 여인상 조각이다. 무시하는 감정이 생기면 감정 근육을 적극 사용하라. 피그말리온 효과로 그는 여기에 부응하기 위하여 상대는 노력하게 될 것이다.

●●● 무시 ●●●

역할 : 처리 효율을 올린다.

부작용 : 비합리적이고 편향되게 처리한다.

감정 근육 : '언시', '공감', '배려'

격려, 칭찬 등의 언시를 베푼다. 그리고 공감하며 배려한다. 약하다고 모든 분야에서 약한 것은 아니다. 어떤 분야는 강한 것도 있다. 약함이 영구적이지 않을 수도 있다. 오히려 언젠가는 나보다 강해질 수도 있다. 약하다고 무시하지 말자. 약자도 내 편으로 만들어야 한다. 약자에게 오히려 칭찬의 선물을 주고 공감하고 배려하라.

불편하여도
버티고 헤쳐 나가라!

화장품 외판원 여인

1960년대 초, 보릿고개 시절 경상남도 지리산 근처 산청이란 작은 마을에 한 여인이 3명의 자녀와 살고 있었다. 큰아들은 9살이고, 딸은 3살이고, 작은아들은 1살이다. 남편은 바람이 나서 집을 나갔고 살길이 막막한 여인은 작은아들을 업고 다니며 떡을 팔아 생계를 꾸렸다. 업혀 있는 작은 아들은 저자이다.

그러다가 아버지가 강원도 춘천에서 한 여인과 동거하는 것을 알게 되어, 우리 형제들을 데리고 기차를 타고 춘천으로 올라왔다. 그리고 아버지와 동거하는 여인과 담판을 지어 여인을 내보내고, 춘천에서 아버지와 다시 살게 되었다. 이때, 살림살이라고는 숟가락, 그릇, 이불밖에 없었다. 먹고 살기 위하여 춘천역에서 길거리 장사를 하였다. 그러나 그것도 이전에 이미 그곳에서 장사하던 사람들의 텃세로 인하여 힘들었다.

그러던 중에 화장품 외판원이 깔끔한 옷차림으로 화장품이 들어있는 멋있는 가방을 끌고 가는 것을 보았다. 그 모습이 너무 보기가 좋아 외판원 여자에게 다가가 가방을 한 번만 들어봐도 좋겠냐고 청했다. 외판원 여자는 흔쾌히 응했다. 어머니는 어떻게 하면 화장품 외판원을 할 수 있는지 물어보았고, 그 여자는 친절히 안내해 주었다. 드디어 어머니가 화장품 외판원이 되었다. 모르는 사람의 집에 들어가 화장품을 파는 것이 쉽지 않았을 것이다. 처음에 어머니는 어느 집 문을 열고 들어

갔는데 어떻게 하여야 할지를 몰라 아무 말도 하지 못하고 가만히 마루에 앉아 있었다고 한다. 그 모습을 본 집 주인은 "아이고 딱 하시네. 그렇게 하면서 어떻게 장사를 하셔요?" 하면서 화장품을 팔아 주었다.

처음에는 그렇게 어렵게 하였지만, 나중에는 남의 집 빨래까지 해 줄 정도로 적극적으로 영업을 하셨다. 외상으로 화장품을 사고, 멀리 타지로 돈을 지불하지 않고 도망간 사람은 어떻게든 찾아내 이사 간 집으로 가서 돈을 줄 때까지 끝까지 버티실 정도로 억척스럽게 사셨다. 나중에는 화장품 외판원 중에서 전국 2등까지 할 정도로 판매 실적이 우수하여 서울 본사까지 가서 상을 받아 왔다. 집 근처에 연탄 공장이 있었는데, 그 공장 근로자들의 월급을 하루 만에 벌기도 하였다.

운명은 개척하기 나름이다. 텃세를 부리던 사람들은 여전히 길거리 장사를 하며 힘들게 살지만, 어머니는 훨씬 나은 새로운 직업으로 운명을 바꾸신 것이다. 생활력이 없는 아버지 대신에 가족의 생계를 끌고 나가셨고, 3명의 자녀를 모두 대학에 보냈다. 화장품 외판원의 깔끔한 모습에 반하신 어머니는 화장품 외판원이라는 새로운 시도를 통하여 인생을 개척하신 것이다.

억척스럽게 사신 어머니의 이전의 일과 비교하면 화장품 외판은 비교적 쉬웠겠지만, 사실 남의 집을 방문하여 그 사람의 호주머니에서 돈이 나오게 하는 것이 그렇게 만만하지만은 않은 불편한 일이었을 것이다. 불편 감정의 감정 근육은 '인내', '시도'이다. 인내로 모든 것을 버티시면서 우리 형제들을 잘 키워주신 어머니를 존경하며 그 은혜에 감사를 드린다.

존버 정신

　불편함을 이기는 방법은 인내이다. 직장에서는 마지막까지 살아남는 사람이 이기는 것이다. 버티지 못하고, 자주 직장을 바꾸는 사람은 항상 새 직장에서 처음부터 다시 시작한다. 실패한 인생이 될 수밖에 없다. 불편하고 힘들더라도 끝까지 버티며 인내하라. '존버 정신'이라는 말이 있다. "ㅇㄴ게 버티라."라는 비속어의 첫 글자를 따온 줄임말이다. '존버 정신'으로 직장에서 악착같이 버텨라. 살아남는 사람이 이긴 사람이다.

●●● 불편 ●●●

역할 : 불편함은 무언가 나에게 문제가 있음을 알려주는 신호이다.

부작용 : 작은 불편도 참아내지 못하면 성공하기가 쉽지 않다. 어떠한 성공도 편안한 길은 아니기 때문이다.

감정 근육 : '인내', '시도'

불편함을 참고 인내한다. 도저히 참을 수 없으면 불편함을 해소하기 위한 시도를 한다. 여기서의 시도는 직접 해결 또는 도움 요청 등이다. 성공을 위하여 웬만한 불편은 참고 인내하자. 불편함이 커지면 고통 상태가 된다. 고통이 되면 문제가 무엇인지 문제해결을 시도하고, 내가 해결을 못하면 주위에 도움 요청 등의 호소를 시도한다.

일을 잘하기 위해서는 목표를 세우고 달성하여야 한다. 그러기 위해서는 다음의 4가지 요소가 필요하다.

① **시도** : 목표 달성의 첫걸음을 시도한다.
② **집중** : 목표에 집중한다.
③ **열정** : 열정을 바친다.
④ **인내** : 목표를 달성할 때까지 끝까지 인내한다.

부하 감정을 잘 다스리면 위의 요소들을 수행하는 데 큰 도움이 된다. 부하 감정에는 '편안', '부담', '무시', '불편'이 있다. 부하 감정사분면에서 각 사분면별로 감정은 다음과 같다.

부하 감정사분면		
	너	**나**
강	부담	편안
약	무시	불편

1사분면 : 편안함

부하에서 내가 강한 경우로서 나의 부하 처리 능력이 강하다. 손쉽게 부하를 해결할 수 있으므로 편안함을 느낀다. 감정 근육은 '시도'이다. 편안할 때 미래에 대한 준비 등의 시도를 한다.

2사분면 : 부담감

부하에서 너가 강한 경우로서 너가 나에게 가하는 부하의 크기가 크다. 발생하는 감정은 '부담'이다. 감정 근육은 '원원'이다. 부담스러운 일은 하나하나 처리한다.

3사분면 : 무시

부하에서 너가 약한 경우로서 너가 나에게 가하는 부하의 크기가 작다. 너를 무시하게 된다. 감정 근육은 '언시', '공감', '배려'이다. 무시하게 되는 약자에게 칭찬 등의 언시를 주고, 공감하고 배려한다.

4사분면 : 불편

부하에서 내가 약한 경우로서 나의 부하 처리 능력이 약하다. 고로 나는 불편하다. 감정 근육은 '인내', '시도'이다. 불편하더라도 인내하고 그 처리를 시도한다.

2

시간 효율적으로 사용하기

시작이 반이다!

냄비 속의 개구리

개구리를 가지고 시험을 하였다. 개구리가 좋아하는 온도의 물이 들어있는 냄비 속에 개구리를 넣고, 냄비의 물을 서서히 데웠다. 냄비 속에 있는 개구리는 가만히 있었다. 냄비 속의 물의 온도는 올라갔다. 그래도 개구리는 가만히 있었다. 더워지는 냄비 속의 개구리는 위험한 상황 속에도 위기의식을 못 느끼고 나태하게 계속 냄비 속에 있는 것이다.

결국 얼마든지 탈출할 수 있었던 개구리는 시기를 놓쳐 삶아지게 된다. 이런 개구리가 되지 않기 위해서는 나태함을 극복하여야 한다. 나태함 감정의 감정 근육은 '시도'이다. 개구리의 입장에서는 나태하게 냄비 속에서 늘어져 있지 말고 탈출이라는 시도를 하였어야 했다. 지구온난화현상을 보면 이 개구리가 생각난다. 지구가 더 뜨거워져서 인류가 멸망하기 전에 빨리 대책을 세워 강력히 시행해야 할 것 같다.

거북이와 토끼

　거북이와 토끼가 산 하나를 넘어가는 달리기 시합을 하였다. 토끼는 빨리 달려 산 중턱까지 가서 뒤를 돌아봤다. 거북이는 산 아래에서 힘들게 올라오고 있었다. 그것을 본 토끼는 나태해졌다. 쉬었다가 가도 충분히 이기겠다는 생각을 하고, 잠시 쉬다가 깜빡 잠이 들었다. 그러나 거북이는 꾸준히 하나하나 앞으로 나갔다. 토끼가 잠에서 깼을 때는 이미 거북이는 결승점 바로 앞까지 갔다. 토끼가 아무리 빨라도 산을 넘어 거북이를 앞질러 이기기에는 너무 멀었다.

　우리가 알고 있는 이 유명한 토끼와 거북이 동화에서 거북이의 근면과 성실이 토끼를 이긴 것이지만, 실제로는 토끼의 나태함이 문제이다. 거북이가 아무리 노력하더라도, 토끼가 나태함을 버리고 뛰었다면, 절대 거북이는 토끼를 이길 수 없는 것이다.

● ● ● 나태함 ● ● ●

역할 : 몸과 정신을 쉬게 함으로써 재도약을 위하여 에너지를 충전하게 한다.

부작용 : 과하면 게으름, 무기력증이 온다.

감정 근육 : '시도'

일단 시도한다. 시작이 반이다. "화장실 들어갈 때와 나올 때가 다르다"는 말이 있다. 본인의 급한 일이 끝나자, 나태해지면서 약속한 것을 지키지 않는다는 말이다. 시도한다. 시작이 반이다. 조만간 처리될 것이다.

대범하게 살자!

반사적 비수 날림
....

　1월의 추운 겨울밤! 숲속에 있는 외딴 폐가에서 아기의 울음소리가 나기 시작했다. "응애~" 아기가 다 죽어가는 여인의 뱃속에서 나왔다. "사삭!" 밖에서 사람이 움직이는 소리가 나더니, 복면인이 문을 열고 들어 왔다. 방금 출산한 여인은 흠칫 놀람과 동시 반사적으로 비수를 날렸다. "윽!" 복면인은 들어오자마자 비수를 맞고 그대로 쓰러졌다. 복면인이 미동도 하지 않는 것을 보니, 절명한 것이 틀림없었다. 여인은 죽기를 각오하였다. 그러자 오히려 마음이 편안해지는 것을 느꼈다. 또 다시 인기척과 함께 문이 열렸다. 바로 전에 놀라서 반사적으로 비수를 날린 것과 다르게 이번에는 침착하게 들어온 사람을 쳐다봤다. 아니! 그런데 그 사람은 낯익은 얼굴이었다. 바로 본인을 어려서부터 키워준 보모 길순이였다. 이전처럼 놀라서 비수를 날리지 않은 것이 천만다행이었다.

놀람과 공포
....

　놀람과 공포의 신경 신호 전달 체계이다.

　　놀람 : 감각 → 시상 → 후뇌 → 반응
　　공포 : 감각 → 시상 → 대뇌피질 → 후뇌 → 반응

놀람은 감각신호로 들어온 정보가 두뇌의 시상이라는 부분으로 전달되고 시상에서 후뇌로 전달되어 바로 반응이 이루어진다. 공포는 시상에서 후뇌로 바로 신호를 전달하지 않고, 먼저 대뇌피질로 전달되어 사고 작용을 하게 한다. 그다음에 사고 작용 결과 신호를 후뇌로 전달한다. 즉 공포는 사고 기능을 거치지만, 놀람은 사고 기능이 없다. 속도가 요하는 위급한 상황에 빠른 대처를 하기 위함이다. 원시 사회에서는 강한 육식 동물로부터 생명 보호를 위하여 놀람의 감정이 많이 필요했지만, 현대 사회는 놀람 감정이 그렇게 많이 필요하지는 않다. 따라서 놀람 감정의 강도를 낮출 필요가 있다.

●●● **놀람** ●●●

역할 : 속도가 요하는 위급한 상황에 빠른 대처를 하도록 한다.

부작용 : 과하면 건강에도 좋지 않고, 겁이 많은 사람으로 보여 얕잡아 보이게 된다. 또는 놀라서 큰 실수를 할 수도 있다.

감정 근육 : '결사'

죽기를 각오한다. 결사란 죽기를 각오한 마음이다. '사즉생 생즉사'란 말이 있다. 중국의 오자병법에 나오는 말로 전쟁터에서 "죽고자 하면 살고, 살고자 하면 죽는다."는 뜻으로서 대범한 사람은 같은 실력이더라도 상대를 이길 수 있다. 죽고자 한다면 죽음에 대한 공포가 사라진다. 죽음에 대한 공포가 사라지면 마음이 안정되어 덜 놀라게 된다. 죽기를 각오함으로써 대범하게 살자.

대화 테러리스트가
되지 말라!

대화 테러리스트

　도서관에서 자격증 공부를 하다 보면, 그곳에서 같은 자격증 공부를 하는 사람을 알게 된다. 나이대가 비슷하면 서로 이야기를 나누고 주말에 도서관에서 만나게 되면, 한 테이블에 같이 앉아 커피를 마시면서 잡담을 나눈다. 3~5명 정도가 한 테이블에 앉아 이야기를 나누는데 대화를 주도하는 사람이 있고, 듣기만 하는 사람이 있다. 이런 모임의 공감되는 주제는 당연히 자격증시험 또는 공부 이야기이다. 공무원을 정년퇴직하고 주택관리사 자격증 공부를 하는 사람이 있었다. 그는 본인 아내의 험담을 자주 하였다. 그래도 이러한 주제가 있으므로 대화는 끊어짐이 없이 진행된다.

　자기 자신의 체면을 버리고 본인에게 부정적인 이야기도 서슴없이 하면, 그 사람과 더욱 친밀감이 생긴다. 개그맨들이 남을 웃길 때, 자기를 비하시키는 행동이나 말을 한다. 그러면 청중은 그것을 보고 웃으면서 대리만족을 느낀다. 그리고 그 개그맨을 좋아하게 된다. 마찬가지로 그 사람은 딱딱한 분위기를 자기를 비하시킴으로써 좋은 분위기로 만드는 것이다.

그런데 이와 반대로 대화에 찬물을 끼얹는 대화 테러리스트들도 있다. 이들은 어떤 사람이 자기를 희생하는 자기비하 이야기라도 꺼내 잡담을 시작하면, 그 사람을 나무란다. 왜 그렇게 하였냐고 꾸중하고 비난을 한다. 대화 분위기가 싸늘해진다. 이렇게 테러리스트가 되지 않기 위해서는 공감 감정 근육이 필요하다. 어떤 내용을 누가 이야기를 해도 그것을 비판 없이 공감한다. "아~, 네~, 진짜? 아유~ 힘들었겠네." 등의 추임새를 줘가면서 공감을 해 주어야 한다. 말하는 사람은 신이 날 것이다.

대화 주제

대화를 하기 위해서는 당연히 대화거리가 있어야 한다. 대화거리는 크게 세 가지가 있다. 고민거리, 자랑거리, 관심거리이다. 이것들을 이용하여 질문과 적극적 경청을 하고, 나의 이야기를 하는 방법을 사용한다. 그 이외에 대화 주제로는 건강, 취미, 관계, 업무, 가족, 스포츠, 문화 등이 있다. 가급적 종교와 정치는 주제화 하지 말라. 갈등이 유발될 수 있다. 다음은 주제별로 소주제들이다.

건강 : 운동, 음식
취미 : 바둑, 등산, 여행, 음식점
관계 : 분쟁, 도움
업무 : 자격증, 공부, 기술, 업무
가족 : 우환, 경사
스포츠 : 축구, 야구, 수영
문화 : 여행, 책, 행사

●●● 지루함 ●●●

역할 : 지루한 상황에서 벗어나 시간과 에너지를 효율적으로 다른 곳에 쓰도록
하게 한다.

부작용 : 지루함을 참지 못하여 딴청을 피우고 경청을 하지 않으면 좋은 인간관
계를 형성하기가 어렵다.

감정 근육 : '능동', '언시', '공감'

능동적인 자세로 언시한다. 여기서 언시는 칭찬, 칭송, 감탄, 감사, 축하 등을 말
한다. 대화를 이끌어 내기 위한 대화의 마중물이기도 하다. 그리고 상대를 적극
적으로 공감한다. 지루함 감정을 잘 관리하여 대화를 주도하는 사람은 친구가 많
다. 친구를 만들기 위해서는 기다려서는 안 된다. 내가 적극적으로 관심을 가지
고 다가서야 한다. 그리고 나의 벽을 허물어야 한다. 벽이 쳐져 있으면 그 벽 때
문에 가까워질 수가 없다. 치명적이지 않은 것이라면 나의 약점조차도 공개하며
나의 벽을 허문다. 만나면 지루하지 않은 상황을 만드는 것이 좋다. 만남에서 대
화가 없다면 지루해진다. 대화가 없는 적막함을 빨리 깨트려야 한다. 능동적인 자
세로 지루한 시간을 신나는 시간으로 바꾸자.

급할수록 돌아가라!

정전 사고

전기 특고압에 감전되면 거의 대부분 사망이고, 살아나도 팔다리 등 전기가 흐른 부분은 절단해야 하므로 평생 불구자로 살아야 한다. 아파트에 정전이 일어나면, 관리사무소의 전화는 불통이 될 정도로 전화가 쇄도한다. 주민들이 전화하는 것이다. 이때, 전기실의 특고압 전기를 조작하는 장비를 당황한 상태로 조작하다 보면 대형사고로 이어질 수 있다. 심지어는 특고압이 흐르는 전기실에 주민이 들어와 참견하는 경우도 있다. 엄청 위험해진다. 관리사무소에 오래 근무한 직원이 하는 말이 있다.

"전기실의 문을 잠그고, 5분 동안 아무것도 하지 마라."

당황하고, 조급한 감정을 가라앉히라는 말이다. 전기가 아파트 각 세대에 공급이 5분 동안 되지 않는다고 큰 사고가 나지 않는다. 그러나 조급함으로 잘못 특고압 장비를 조작하면 대형사고가 날 수 있기 때문이다. 이러한 때에는 '관망' 감정 근육을 사용하여 차분히 상황을 관조하면서 감정을 다스리는 것이 필요하다.

주문한 음식이 늦어질 때

김 대리는 점심시간이 되어 회사를 나와, 회사 주변의 맛있기로 유명한 한 식당에 들어갔다. 그런데 김 대리는 한참 배가 고픈 상태이다. 메뉴를 고르고 주문한 다음에 기다렸다. 맛있는 음식을 먹을 생각을 하니 기뻤다. 그런데 오늘따라 손님이 너무 많았다. 아무리 기다려도 음식이 나오지 않고, 오후 업무시작 시간을 못 맞출 것 같아 조급하여졌다. 김 대리는 어떻게 감정을 다스려야 할까?

●●● 조급함 ●●●

역할 : 긴급한 일을 수행할 때, 일 처리 속도를 높이는 역할을 한다.

부작용 : 조급하여 일을 망치는 경우가 생긴다.

감정 근육 : '관망', '즐김'

관망의 자세로 감정을 다스린다. 그리고 이왕이면 그 시간을 즐기며 보낸다. 조급함은 욕망과 밀접한 관련이 있다. 욕망을 빨리 충족하고 싶은데 상황은 빨리 돌아가지 않는다. 조급 감정이 생긴다. 당구, 골프, 바둑 등의 게임에서는 상대를 기다려 주어야 한다. 이럴 때 조급함으로 상대를 재촉하는 것은 좋지 않다. 음식점에서 음식을 시키고, 재촉하면서 화를 내는 손님이 있다. 조급함을 참지 못하는 사람이다. 조급해한다고 상황이 나아지지 않는다. 급할수록 돌아가라. 관망의 자세로 즐기는 것이다.

세계적 물리학자 아인슈타인이 최초로 시공간이란 개념을 말하였다. 시공간이란 3차원의 공간에 시간이라는 차원을 더한 것이다. 3차원 공간은 정지 상태로 여기에 시간이라는 차원이 더 들어가서 우리가 살아 움직이게 되는 것이다. 시간이 지남에 따라 공간의 물체들은 움직인다. 인간은 누구나 자기만의 시공간에서만 존재한다.

어느 사람이나 시간이 무제한 있지는 않다. 자기의 시간이 아닌 곳에서는 존재하지 않는다. 그러므로 인간은 누구에게나 시간이 세상 그 어떤 것보다도 가장 가치가 있는 것이다. 시간의 흐름에서 벗어날 수 있는 사람은 아무도 없다. 불로장생을 꿈꾸던 진시황도 시간에서 도망칠 수 없어 결국 죽었다. 아무리 도망가려고 해도 시간에서 도망갈 수는 없다. 이 세상에서 가장 무서운 것도 시간이고, 가장 값진 것도 시간이다. 시간 관리는 가장 무섭고 값진 이 시간을 효율적으로 사용하게 해주어 인생을 풍요롭게 할 것이다.

시간 관리 감정은 속도 감정을 말한다. 속도 감정에는 '나태', '놀람', '지루', '조급'이 있다. '속도'란 부하가 가해지는 속도이다. 속도 감정사분면에서 각 사분면별로 감정은 다음과 같다.

속도 감정사분면		
	너	나
강	놀람	나태
약	지루	조급

1사분면 : 나태함

속도에서 내가 강한 경우로서 나의 부하 처리 속도가 빠르다. 그러므로 시간적 여유가 생기면서 '나태함' 감정이 발생한다. 감정 근육은 '시도'이다. 나태해질 때, 일단 시도한다.

2사분면 : 놀람

속도에서 너가 강한 경우로서 너의 부하 처리 속도가 빠르다. 그럼으로써 나는 놀라게 된다. 감정 근육은 '결사'이다. 죽기를 각오하여 나를 대범하게 함으로써 놀람의 크기와 빈도를 줄인다.

3사분면 : 지루함

속도에서 너가 약한 경우로서 너의 부하 처리 속도가 느리다. 그럼으로써 나는 지루해지게 된다. 감정 근육은 '능동', '언시', '공감'이다. 지루해지게 되면 능동적으로 상대에게 칭찬 등의 언시를 주고 공감한다.

4사분면 : 조급

속도에서 내가 약한 경우로서 나의 부하 처리 속도가 느리다. 따라서 시간적으로 여유가 없어지면서 '조급함' 감정이 발생한다. 감정 근육은 '관망', '즐김'이다. 조급할 때, 멀리에서 관망하는 자세로 감정을 다스리고, 그 상황이나 그 시간을 즐긴다.

3

싸우지 않고 이기기

짜증나면 한발
물러서서 포용하라!

불쾌한 냄새

달걀 썩는 냄새, 똥 냄새, 지린내, 노인 냄새 등은 짜증을 유발한다. 괜찮은 냄새도 장소에 맞지 않는 곳에서 나면 불쾌해진다. 청국장 냄새가 식당에서는 구수하게 느껴져 식욕을 자극하지만, 회의실에서는 불쾌해진다. 지린내는 화장실에서는 참을만하지만 다른 곳에서는 몹시 불쾌하다. 소독약 냄새도 병원에서는 신경 쓰지 않지만, 다른 곳에서는 신경 쓰인다.

불쾌한 소리

사이렌 소리, 유리 긁는 소리, 조용한 버스나 지하철에서의 휴대전화 대화 소리 등 짜증을 유발하는 소리가 있다. 도서관에서 옆에서 떠드는 경우도 있는데 이것이 짜증나면 공부하기가 힘들어진다. 물론 너무 크게 떠들면 지적하여 못하게 하여야 할 것이다. 그러나 소곤소곤 떠드는 것을 가지고 지적하기도 그렇다. 잠시 후에 조용해지는 경우도 많기 때문이다.

기타 짜증 사례

무더위, 한여름 에어컨을 틀어도 시원해지지 않는 자동차 내부, 꽉 막힌 도로 등 여러 가지가 있다. 위급한 환자를 급히 병원으로 데리고 가야 하는 경우, 꽉 막힌 도로 상황은 짜증 감정을 크게 유발한다. 감정을 다스리고 도로 법규를 다 지키다 보면 환자는 위험해진다.

●●● 짜증 ●●●

역할 : 짜증은 나에게 부정적 영향을 끼치는 것을 감시하게 한다. 짜증은 임계점이 있는데 임계점을 넘으면 문제를 해결하도록 이끈다.

부작용 : 과하면 사소한 것에도 화를 내게 된다.

감정 근육 : '관망', '포용', '시도'

한발 물러서 나를 쳐다보는 자세로 감정을 다스리고 상황을 포용한다. 아무리 애써도 상황이 포용되지 않는다면 해결을 시도한다. 짜증은 지속시간이 길며, 잔잔하게 내 마음속 내부에서 생겨난다. 여러 원인으로 짜증이 누적된 상태에서 타인의 적대적 행위로 인한 분노가 합쳐 분노 폭발이 발생한다. 짜증과 분노가 합쳐 폭발하면 상황은 더욱 안 좋은 방향으로 갈 수 있으므로 가능하면 짜증 상황에서 감정을 해결하라. 한발 물러서서 관망의 자세로 감정을 다스리고 상황을 받아들이는 것이다.

용기는 두려움이 없는 것이 아니라 두려움에 맞서 싸우는 것이다!

귀신이 나올 것 같다

아파트 단지에 있는 자작나무 수십 그루를 베어 버리고 그 자리를 다른 목적으로 사용하려고 한다. 그러기 위해서는 아파트 동대표 회의의 결의가 필요한데 상당수의 동대표들이 반대하고 있어 통과가 어렵게 되었다. 이때 관리소장이 말하였다. "아파트 단지가 하얀 자작나무로 인하여 귀신이 나올 것 같은 스산한 분위기입니다." 그러자 사람들이 모두 조용해졌다. 이 회의안은 바로 통과되어 시행되었다. 공포를 이용하여 쉽게 결의안을 통과시킨 것이다. 이렇게 공포를 이용하여 타인을 쉽게 조종할 수도 있지만, 반대로 내가 공포로 인하여 타인에게 쉽게 휘둘려질 수도 있다.

공포 사례
* 밤늦은 시간 나 홀로 걷는데 괴한이 쫓아옴.
* 총알이 빗발치는 전쟁터.
* 밤에 숲속 길에서 나 홀로 조깅.
* 흉악한 강도와 대치.

공포가 시키는 3F

① Fight(결투) : 상대가 약하거나 나와 비슷할 때
② Flight(도주) : 상대가 강하되 피할 수 있을 때
③ Freeze(부동) : 상대가 너무 강하여 피할 수도 없을 때

●●● 공포 ●●●

역할 : 위험을 피하게 하여 생명을 보호한다. 그러므로 이 감정이 약하면 위험
감지 기능이 떨어져 위험해진다. 공포는 준법정신을 가지도록 하고 무분
별한 욕망을 절제하게 한다. 공포는 피지배자에게는 바람직한 감정이다.
교인은 지옥에 대한 공포로 올바르게 생활하고, 학생은 정학 등 처벌이
무서워 학교생활에서 교칙을 지킨다.

부작용 : 과하면 타인과의 관계에서 경쟁력이 떨어진다. 겁이 많은 사람이 되어
많은 사회적 성공 기회를 놓칠 수 있다. 지배자에게는 바람직하지 않은
감정이다. 수사가 공포로 다른 수사자에게 굴복하면 자기의 왕국을
빼앗기게 된다. 사회공포증, 고소공포증, 폐소공포증 등 다양한 공포증
의 원인이 되기도 한다.

감정 근육 : '결사', '시도'

죽기를 각오한다. 그리고 공격, 도주, 호소 등의 시도를 한다. 공포는 지속시간
은 짧고, 외부적 요인에서 발생하므로 외부적 요인이 없어지면 같이 없어진다. 신
체 반응으로는 심장박동과 호흡이 빨라지며, 근육은 수축되고 손은 떨린다. 털이
솟아 강하게 보인다. 사람의 경우에는 소름이 돋는다. 도주나 공격의 준비 태세
를 하는 것이다. 공포의 다른 말은 두려움이다. "용기란 두려움이 없는 것이 아니
라, 두려움에 맞서 싸우는 것이다"라는 말이 있다. 두려움 즉, 공포는 감정이다. 감
정은 마음대로 없앨 수 있는 것이 아니므로 공포도 마음대로 없앨 수 없다. 없앨
수 없으므로 감정 근육으로 대항하자.

화가 날 때는
호소하라!

영화 기생충의 아카데미 상

봉준호 감독의 〈기생충〉이 제92회 아카데미 시상식에서 작품상 등 무려 4개 부문에서 상을 받았다. 그러자 트럼프 미국 대통령은 이것을 비난하였다. "올해 아카데미상이 얼마나 형편없었나. 한국에서 온 영화가 승자였다. 도대체 이게 다 무슨 일이냐? 우리는 한국과 무역에서 충분히 많은 문제를 갖고 있는데, 올해 최고의 영화상을 주느냐. 그게 잘하는 일이냐. 난 모르겠다."

〈기생충〉의 내용이나 작품성에 대한 구체적인 언급이나 이유도 없이 무턱대고 아카데미가 외국어 영화, 특히 한국영화에 작품상을 안긴 데 대한 못마땅함을 내비친 것이다. 그러자 〈기생충〉의 북미 배급사 네온은 시원하게 받아쳤다. "트럼프는 자막을 읽는 것을 어려워한다. 우리는 그를 이해할 수 있다." 역시 유머가 생활화된 미국다운 반격이다. 분노의 감정 근육은 '관망', '버림', '인정', '시도'이다. 이 반격은 상대의 입장을 이해하는 '인정'을 이용한 유머 반격이다. 엄밀히 따지면 "트럼프는 자막을 읽는 것을 어려워한다."는 비난이지만 역지사지로 감정 근육 '인정'을 이용하였고 '우리는 그를 이해할 수 있다.'는 '나 전달법'으로서 상대의 감정에 상처를 주지 않는 화법이다.

해님과 바람

동화에서 해님과 바람이 나그네 옷 벗기기 내기를 하여 해님이 이긴다. 강력한 바람으로 나그네의 옷을 벗기려고 하였으나 나그네는 오히려 더 옷을 붙잡았다. 그러나 해님의 따뜻한 햇볕에 나그네는 더워서 스스로 옷을 벗는다. '시도' 감정 근육을 분노 감정에 적용할 때의 의미는 '호소'이다. '비난'은 상대에게 분노를 일으켜서 바람의 경우처럼 역효과를 낸다. 그러나 해님이 나그네의 옷을 스스로 벗게 하듯이, '호소'는 상대에게 미안함을 일으켜서 잘못을 스스로 고치게 한다. 강력하게 전달하는 '비난'을 부드럽게 전달하는 '호소'가 이기는 것이다.

터미네이터2(Terminator 2: Judgement Day, 1991)

아놀드 슈왈츠제네거가 연기하는 제1세대 로봇이 제2세대 액체금속 로봇에게 싸움에서 계속 밀린다. 제1세대 로봇은 힘은 세지만 파괴가 되면 고치기가 힘들다. 그러나 제2세대 액체금속로봇은 아무리 상처를 입고 파괴되어도, 액체로 변하여 바로 원상 복구되기도 하고 다른 사람으로 변신도 한다. 제2세대의 부드러움이 제1세대의 강함을 이기는 것이다. 호소는 부드러움이고 비난은 강함이다. 부드러움이 강함을 이기듯이 호소가 비난을 이긴다.

절영지회

중국 춘추시대의 초나라 장왕은 용맹하여, 전쟁이 일어나면 직접 군사들을 이끌고 나가 용맹하게 싸웠다. 어느 날 전쟁에서 이기고 돌아와 장수들에게 연회를 베풀었고 연회에 왕의 후궁들이 들어와 시중을 들게 하였다. 연회가 한참 무르익어 가는 한밤중에 갑자기 센 바람이 불어 모든 촛불이 꺼졌다. 사방이 암흑으로 변했다. 그때 갑자기 한 후궁이 비명을 질렀다. "폐하! 누가 갑자기 저를 희롱하였습니다. 제가 그자의 갓끈을 잘랐으니, 불을 켜시면 누군지 알 수 있을 것입니다." 그러자 장왕은 외쳤다. "불을 켜지 마라. 그리고 모든 장수들은 자기의 갓끈을 잘라 버려라. 이런 사태가 난 것은 내가 후궁들을 이 자리에 부른 잘못이 크므로 이 일은 없던 일로 하겠다." 이렇게 하여 그 일은 무사히 끝났다. 그 이후 몇 년 뒤에 진나라와 전쟁터에서 장왕은 죽을 위험에 처하게 되었다. 그때 한 장수가 나타나 위험을 무릅쓰고 장왕을 구출해 내었다. 장왕은 물었다. "그대는 어찌하여 그 위험한 상황에서 자기의 목숨을 걸고 나를 구하였는가?" "네~ 몇 년 전에 연회에서의 일은 제가 한 일이었습니다. 그때 폐하가 저를 구해주셔서 그때 이후로 폐하를 위해 목숨을 바칠 각오를 하였습니다."

이 일화가 절영지회이다. 갓끈을 자른 연회라는 뜻이다. 장왕은 상황을 객관적으로 보면서 본인이 후궁들을 불러들인 잘못을 생각한 것이다. 또한 후궁에 대한 소유욕과 왕으로서의 체면을 버렸다. 그리고 부하의 잘못을 그럴 수 있다고 인정해주었다. 이렇게 분노를 다스리고, 장수의 성추행을 넓은 마음으로 용서한 바람에 그 이후 자기의 목숨을 구할 수 있었다.

부부 싸움

다음은 인터넷 상담코너에서 공무원 남편과 맞벌이를 하는 어린아이 둘을 키우는 교사 주부의 상담요청이다.

"남편과 싸움이 잦아지면서 남편은 입에 담기 힘든 욕, 이혼하자는 말, 친정식구에 대한 비난, 나의 직업이나 성격에 대한 모욕 등 막말을 화가 풀릴 때까지 한 시간이고 두 시간이고 합니다. 남편의 어린 시절은 불행했어요. 남편이 세 살 때 아버지가 재혼을 하면서 새어머니가 생겼습니다. 새어머니는 남편을 학대했어요. 걸핏하면 때렸고 우물에 던져 넣거나 포대에 넣어 묶어 두고, 바닥에 머리를 찧기도 했다고 들었어요. 결혼 뒤 시어머니와 남편이 싸우는 것을 봤는데 서로 욕하고 막말하면서 싸우는 것을 보고 깜짝 놀란 적도 있어요. 남편은 성인이 된 후에는 독립했고 지금은 공무원으로 근무하고 있어요. 생활력이 강하고 빠릿빠릿한 사람입니다. 아이들을 생각하면 남편과 이혼하고 싶지는 않아요. 아이 둘을 화목한 가정에서 행복하게 키우고 싶은데 욕하고 막말하는 남편과 잘 지내기가 무척 어렵습니다. 남편이 몇 시간씩 욕을 퍼부을 때면 저는 아무 말도 못하고 펑펑 울기만 합니다. 아이들이 그런 저희 부부의 모습을 보는 것도 부정적인 영향을 줄 것 같아서 불안합니다. 제가 남편과 가까워지려면 어떻게 해야 할까요." 이상은 상담 요청 내용이다.

만약 내가 상담을 해 준다면, "비난을 하지 말고 호소를 하라."라고 말하고 싶다. 모든 상담은 상담 요청자의 일방적 주장만 있다. 여기서 주부가 남편을 비난하였다는 말은 없다. 싸움은 서로 손뼉이 부딪쳐야 이루어진다. 범죄가 아니면, 한쪽의 일방적 공격은 거의 없다. 아마 주부도 남편을 비난하였을 것이다. 비난은 오답일 가능성이 많다. 일단,

손뼉이 부딪치지 않기 위해서는 주부 혼자만이라도 정답을 말하는 것이 필요하다. 일부러 거짓말을 하는 것이 아니라면 호소는 정답이다.

교통사고 사망

50대 여성이 출근길에 차량에 끼인 채 끌려가다가 숨지는 사고가 발생했다. 가해 차량 운전자는 사람을 쳤는지 몰랐다고 주장하고 있다. 아파트 단지 앞에서 차를 몰고 나온 55세 남성 가해자는 SUV 승용차를 몰고 도로에 진입하려고 우회전하다가 버스정류장으로 걸어가던 피해자를 친 것이다. 그런데 피해자의 가방끈이 앞바퀴 쪽에 걸린 상태에서 엎친 데 덮친 격으로 머리카락까지 추가로 걸리면서 70m를 끌려간 것이다. 이상은 뉴스 내용이다.

사망할 때까지 피해자의 고통을 생각하면 끔찍스럽다. 피해자의 입장을 생각하면 가해자가 한없이 미울 것이다. 그러나 어떤 사고든 객관적 시각으로 상황을 볼 필요가 있다. 우회전하다 보면 자동적으로 왼쪽을 보게 된다. 그만큼 우측은 덜 주의하게 된다. 특히 횡단보도를 우회전으로 지날 때는 더욱 위험하다. 사람들이 건널목에서 신호만 기다리다가 신호가 들어오면 갑자기 튀어 들어오기 때문이다. 이때 차량이 우회전하면서 지날 때는 사고 위험은 상당히 커지게 된다. 행인들은 차가 알아서 설 것이라고 믿고 그냥 도로로 들어오기 때문이다. 손뼉도 마주쳐야 소리가 나듯이 싸움은 한 쪽만으로는 싸움이 되지 않는다. 교통사고도 일방적으로 100% 한쪽만 잘못인 경우는 드물다. 쌍방과실이 인정되는 경우가 많다.

인터넷 뉴스에는 댓글 기능이 있다. 이 뉴스에는 천 개가 넘는 댓글이 달렸다. 그러나 이 많은 댓글에서 객관적 내용은 찾을 수 없다. 모든 댓글이 일방적으로 가해자를 비난하고 있다. 어떤 글은 가해자가 고의적으로 죽이기 위해서 알면서도 끌고 간 것으로 몰고 간다. 비난이 집단화되면 정의감이라는 탈을 쓰게 되고, 정의감에 위배되는 자는 사회에서 배척된다. 만약 누가 이러한 상황에서 객관적인 내용의 댓글을 단다면 그 사람은 집단으로 댓글 린치를 당할 것이다. 분노의 감정 근육은 '관망', '버림', '인정', '시도'이다. 분노가 지배할 때는 '관망' 감정 근육을 활용하여 객관화하는 자세가 필요하다.

●●● 분노 ●●●

역할 : 불합리한 것을 고치게 한다. 약하게 보이지 않게 한다.

부작용 : 분노는 대부분 인간관계에 부정적이다. 과하면 그동안 쌓아온 모든 것
을 한 번에 잃는 수도 있다.

감정 근육 : '관망', '버림', '인정', '시도'

멀리서 나를 쳐다보는 관망의 자세와 모든 것을 버리겠다는 생각으로 감정을 다스린 후, 상대를 인정한다. 아무리 노력해도 상대가 인정되지 않으면 호소 등을 시도한다. 사람은 누구나 다른 사람들에게 "저 사람 참 좋은 사람이야."라는 말을 듣고 싶다. 그러나 살다보면 다른 사람들에게 싫은 말도 해야 될 경우가 생긴다. 항상 좋은 사람이 될 수는 없다. 내가 피해를 받고 있는데 이것을 계속 참는다면, 앞으로도 계속 피해를 받게 된다. 어떻게든 상황을 변화시켜야 한다. 그러기 위해서는 좋은 사람에서 벗어나 무언가 시도를 하여야 한다. 비난을 시도할 수도 있고, 호소를 시도할 수도 있다. 그런데 비난은 보통 싸움으로 번지며 인간관계를 나쁘게 한다. 그러므로 호소를 시도한다.

걱정을 한다고 걱정이 없어지면
걱정이 없겠네!

걱정거리

　어니 J. 젤린스키의 『느리게 사는 즐거움』에 다음과 같은 내용이 있다. 우리가 하는 걱정거리 중 40%는 절대 일어나지 않는 사건들에 대한 것이고, 30%는 이미 일어난 사건들에 대한 것이고, 22%는 사소한 사건들에 대한 것이고, 4%는 우리가 바꿀 수 없는 사건들에 대한 것이다. 나머지 4%만이 우리가 대처할 수 있는 진짜 사건에 대한 것이다. 쓸데없는 것에 걱정하게 되면 심리적으로 안정이 안 되고, 불안만 커질 뿐이다. 감정 근육으로 쓸데없는 불안을 잠재우자. "걱정을 한다고 걱정이 없어지면 걱정이 없겠네." 이런 유머처럼 걱정만 한다고 걱정거리가 없어지지는 않는다. 그래도 걱정된다면, 걱정할 시간에 걱정거리를 없애는 시도를 하자.

••• 불안감 •••

역할 : 오감이 예민해지고, 근육이 긴장하여 위험한 상황에 빠른 대응이 가능해
진다.

부작용 : 위험하지도 않은데 불안을 느껴, 상황을 피하면 그 상황에 대한 기회를
놓쳐 사회 경쟁력이 떨어진다. 불안이 너무 강하면 실수도 하게 되며,
불안이 지속되면 면역력이 떨어져 건강도 나빠진다.

감정 근육 : '결사', '버림', '인정', '시도'

죽기를 각오하고 모든 것을 버리겠다는 마음을 가지며 위험 상황이 실제 발생하
더라도 인정하고 받아들인다. 그리고 시도한다. 여기서 시도란 위험을 대비하는
것을 말한다. 불안은 일반적으로 지속시간이 길고, 잔잔하게 다가온다. 공포는 실
제 위협상황이 나타날 때 발생하지만, 불안은 위협의 실체를 모를 때에 발생한다.
뭘 어떻게 대처해야 할지 모르므로 불안해진다. 불안에 떨고만 있지 말고, 감정
근육으로 대항하자.

사람이 살다보면 좋은 분위기에서만 살게 되지 않는다. 분쟁에 휘말리면서 적대적 분위기에 노출되기도 한다. 이때 감정을 잘 관리하여야 분쟁을 슬기롭게 헤쳐 나갈 수 있다. "말 한마디로 천 냥 빚을 갚는다"는 말이 있듯이 말만 잘하면 분쟁도 해결할 수 있다. 결국 분쟁해결은 대화로 해결하여야 한다. 대화법에는 너 전달법과 나 전달법이 있다.

너 전달법

너 전달법은 주어가 '너'이다. 너 전달법에는 칭찬과 비난이 있다. "너는 잘했다"는 칭찬이고, "너는 잘못했다"는 비난이다. 너 전달법은 엄밀히 보면 오답이다. 주어가 '너'로서 너를 평가하는 것인데, 나의 입장에서 너를 평가하는 것이다 보니 정확하기가 힘들다. 객관적이지 못하고 주관적이기 때문이다. 칭찬은 오답이더라도 들으면 기분이 좋은 것이므로 가능하나, 비난은 들으면 기분도 좋지 않고, 오답일 수 있으므로 하지 말아야 한다. 담배 피는 사람에게 너 전달법으로 말하면 "여기서 왜 담배 피세요?"이다. 이 문장에서 주어는 '너'이다. 문장은 의문법이고 주어는 없지만, 전체 맥락상 주어인 너가 생략되고, 너를 비난한 것이다. "여기서 담배를 피우는 당신은 나쁜 사람입니다."로 해석할 수 있다. 비난을 들은 상대는 화가 나서 "내가 내 마음대로 피는데 너가 무슨 상관이냐?"라며 반응할 수 있다.

나 전달법

  나 전달법은 주어가 '나'인 의견 전달법이다. 나 전달법에는 자랑과 호소가 있다. "나는 잘했다."는 자랑이고, "나는 힘들다."는 호소이다. '나 전달법'은 주어가 '나'로서 나의 입장을 내가 이야기하는 것이므로, 내가 일부러 거짓말을 하는 것이 아니라면 나 전달법은 정답이다. 그러나 자랑은 정답이지만, 상대를 기분 나쁘게 만들 수 있으므로 가능하면 사용하지 말고, 호소는 정답이며 상대를 기분 나쁘게도 하지 않으므로 사용할 수 있다. 담배 피는 사람에게 너 전달법인 비난 대신에 나 전달법인 호소를 사용하자. "담배 연기로 인하여 나는 괴롭습니다." 상대는 나의 호소에 미안함을 느껴 사과할 것이다. 호소는 너를 평가하는 것이 아니라 너의 행동이 나에게 미치는 영향을 평가하는 것이다. 예를 들면, "내가 ~해서 너무 힘듭니다." "내 마음이 너무 아픕니다." "당혹스럽습니다." 등이다. 호소는 나의 처지만을 표현하므로 분노를 유발하지 않는다. 남들의 행동을 고치고 싶을 때에는 호소를 사용하자.

비난은 오답이다

  어떤 사실에 대하여 법칙을 만들어 규명할 때는 국어 학문보다는 수학 학문이 더 적절하다. 너 전달법인 비난이 오답인 사실을 수학적으로 증명하여 본다. 우선, 너의 행동이 영향을 끼치는 범위를 다양하게 설정하여 보자. 나, 가족, 회사, 국가, 세계, 우주, 모든 경우(100%) 등 다양한 범위를 설정할 수 있다. 너 전달법은 너가 주어로서 표현은 "너는 ~~하다."이다. 여기에서는 범위 설정이 없다. 범위 설정이 없다는 것은 모든 경우에 해당한다, 즉, 너 전달법은 범위가 100% 모든 경우로 너의 행동을 평가하는 대화법이다. 그러나 어떤 행동도 장점과 단점을 모두 가지고 있다. 한 행동이 한쪽에 득이 된다면 다른 쪽에서는 해가 된다. 100% 완전히 득이 되거나 해가 될 수는 없다. 그러나 실제로는 대부분 너의 행동이 나쁜 영향을 준 범위는 전체 100% 중에서 일부이다. 일부가 나쁘다고 전체 100%를 나쁘다고 저평가하는 것은 잘못된 것이다. 그러므로 100% 단정 짓는 대화법인 너 전달법은 오답이고, 너 전달법 중의 하나인 비난도 당연히 오답이다.

역지사지로 비난하는 것도 오답이다

역지사지라는 말이 있다. 처지를 바꾸어서 생각하는 것이다. 그렇다면 역지사지로 너의 입장이 되어 너를 평가해 볼 수도 있다. "내가 너라면 나는 너처럼 그렇게 안 해. 그래서 너는 잘못했어." 역지사지로 생각하면서 비난하였다. 남의 입장을 생각하였으므로 일방적 비난보다는 정답이 될 가능성이 커진다. 그래도 완벽한 정답은 아니다. 내가 완전히 너의 입장이 될 수 없기 때문이다. 유전자, 경험, 콤플렉스, 자존감 등은 너의 것을 내가 느낄 수 없다. 그러므로 역지사지로 비난하는 것도 역시 정답이 아니다.

비난받을 때 대처

누군가에게 비난을 받게 되었을 때, 일반적으로 화가 난다. 그 비난이 비합리적이면 더욱 크게 화가 난다. '나는 항상 올바르게 처신하는 사람이야. 나는 항상 건전한 인격과 자질을 가지고 있어. 그러므로 나를 비난하는 사람은 나에게 욕먹어도 싸지.' 이렇게 생각하는 것은 오류다. 내가 항상 인격과 자질이 정상적이라는 보장은 없다. 인간은 항상 변한다. 나이가 들어가면서 죽음에 가까울수록 신체는 늙어간다. 늙은 신체에 정상적 인격과 자질이 계속 있으리라는 보장이 없기 때문에 언젠가 같은 상황에서 내가 항상 올바르게 처신할 보장은 없다. 그러므로 내가 비난을 받을 때 실제 나의 잘못으로 인한 것일 가능성이 있다. 비난에 같은 비난으로 대항하지 말자. 일단 잘못을 인정하고 대응을 꼭 하여야 하는 상황이면 호소를 사용하자.

'적의'란 적대적 의도이다. 적의 감정에는 '짜증', '공포', '분노', '불안'이 있다. 적의 감정을 잘 다스리면 사람들과의 분쟁에서 싸우지 않고 이길 수 있다. 적의 감정사분면에서 각 사분면별로 감정은 다음과 같다.

적의 감정사분면		
	너	나
강	공포	짜증
약	분노	불안

1사분면 : 짜증

적대적 상황에서 내가 강하다. 짜증이 생긴다. 감정 근육은 '관망', '포용', '시도'이다. 관망의 자세로 감정을 다스리고, 상황을 받아들인다. 받아들이기가 너무 힘들다면, 호소를 시도한다.

2사분면 : 공포

적대적 상황에서 너가 강하다. 공포가 생긴다. 감정 근육은 '결사', '시도'이다. 죽기를 각오하고 호소 등을 시도한다.

3사분면 : 분노

적대적 상황에서 너가 약하다. 분노하게 된다. 감정 근육은 '관망', '버림', '인정', '시도'이다. 관망의 자세와 모든 것을 버리겠다는 마음으로 감정을 다스린 후, 상황을 인정하고 받아들인다. 도저히 인정이 되지 않으면, 호소 등을 시도한다.

4사분면 : 불안

적대적 상황에서 내가 약하다. 불안해지게 된다. 감정 근육은 '결사', '버림', '인정', '시도'이다. 죽기를 각오하고 모든 것을 버리겠다는 마음으로 감정을 다스린 후, 상황을 인정하고 받아들인다. 그래도 감정이 다스려지지 않으면, 불안한 미래에 대하여 대비하는 시도를 한다.

4

—

사람들을 내 편으로 만들기

잘 나갈 때 조심하라!

빌 게이츠와 스티브 잡스

"나는 사업에서 성공의 최정점에 도달했다. 다른 사람들 눈에는 내 삶이 성공의 전형처럼 보일 것이다. 그러나 나는 일을 떠나서는 기쁨을 느끼지 못한다. 내가 그토록 자랑스럽게 여겼던 주위의 갈채와 막대한 부는 임박한 죽음 앞에서 그 의미를 다 상실했다. 이제야 깨닫는 것은 배 굶지 않을 정도의 부를 축적한다면 더 이상 돈 버는 일과 상관없는 다른 것에 관심을 가져야 한다는 사실이다."

애플의 창시자 스티브 잡스가 마지막으로 죽기 전 병상에서 한 말이다. 마이크로소프트사의 창업주 빌 게이츠의 재산은 거의 100조 원에 가깝다. 그런데 그는 자식들에게 재산을 물려주지 않을 것이라고 말한다. 그리고 세계적인 자선사업을 펼치고 있다. 평생 기부에 인색하고 돈을 버는 데에서만 기쁨을 찾다가 죽은 스티브 잡스와는 완전히 비교된다.

두 사람 모두 자존감과 자부심이 하늘을 찌를 정도로 세계에서 최고로 성공한 사람들이지만 한 사람은 남을 위한 배려를 실천하며 살고 있고, 다른 사람은 마지막까지 돈만 좇다가 그러한 삶을 후회하고 죽었다. 본인에게 주어진 축복에 감사하고 남들에게 그 혜택을 나누어주는 배려를 행하자.

안전운전

    나는 안전운전에 대하여는 항상 자신이 있다. 남들보다 빠르게 운전은 못하지만, 안전하게 운전하는 것은 잘한다. 특히 항상 안전거리를 준수하고, 추월차선에서 주행하는 것은 거의 없이 주행차선으로만 규정 속도로 주행한다. 이런 안전운전능력을 다른 사람들에게 자주 자랑하고 다녔다. 그런데 최근에 후진 주차 중 뒤에 있던 차량과 충돌하였다. 그 차의 범퍼와 내 차의 범퍼가 모두 크게 파손되었다. 그날따라 귀신이 씌웠는지 백미러로 우측만 본 것이다. 충돌된 차량은 SUV 차량으로 내 차에 비하여 많이 컸다. 그런데도 차량의 존재를 아예 인식하지 못했다. 뒤에 아무것도 없다고 생각하여 빠르게 후진을 하며 충돌한 것이다. 만약 키 작은 아이들이 그 자리에 있었더라면 생각만 해도 가슴이 떨린다. 운전을 잘하는 것도 다른 것과 마찬가지로 자랑하지 말고, 감사의 마음으로 항상 겸허한 자세를 가져야 할 것 같다.

••• 자존, 자부, 명예, 기쁨 •••

역할 : 다른 사람들의 비난에 쉽게 굴복하지 않는다. 실패하여도 다시 일어나는 힘이 커진다. 새로운 환경에 도전하게 하고, 적극적이고 창조적이게 하고, 행복하게 한다. 자존감이 높은 지도자는 신뢰하게 된다.

부작용 : 독단적이기 쉽다. 감정을 너무 표시하고 다니면, 남들의 질투를 유발한다. 너무 자존감이 높아지면 나르시시즘이 된다.

감정 근육 : '감사', '언시', '배려'

감사의 마음을 가지고 칭찬 등의 언시를 행하면서 상대를 배려한다. 행복과 불행으로 인생을 나눌 때, 행복한 인생에서 많이 느끼는 감정들로서 모두 동일한 감정 근육을 가진다. 이 감정을 내가 느끼고 있을 때, 그렇지 않은 주위 사람들은 질투하고 있다. 기뻐 어쩔 줄 몰라 마구 자랑하고 다닌다면, 사람들의 질투라는 감정에 휘발유를 붓는 격이다. 가치가 올라갔으므로 앞으로 잘 될 것이라고 믿고, 그런 나를 사람들은 좋아할 것이라고 착각한다. 그러나 실제로는 남들의 질투로 인하여 나는 위기상황이다. 이 상황이 외국이라면 위험에도 처할 수도 있다. 테러를 당할 수도 있다. 이럴 때일수록 더욱 주위 사람들을 배려하여야 한다.

질투는 기회이다!

성악설

인간의 본성에 대해서 두 가지 설이 있다. 성악설과 성선설이다. "인간의 본성은 악하다."가 성악설이고 "인간의 본성은 선하다."가 성선설이다. 어느 것이 정답인지는 모른다. 국민들이 선거로 정치인을 뽑을 때 "차악을 뽑는다."라는 말이 있다. 이것은 성악설로 보면 이해된다. 타인이 잘 되는 것을 보면 기뻐하지 않고, 질투하게 된다. 이것도 성악설에 더 무게를 실어준다.

삼국지의 미인계

삼국지를 보면, 동탁이 여포와 더불어 안하무인으로 황제와 대신들을 무시하고 공포정치로 나라를 어지럽힌다. 그런데 한 충신이 초선이라는 아름다운 여인을 이용하여 미인계로 여포와 동탁을 갈라놓는다. 결국 여포가 질투심으로 동탁을 살해한다. 이때 만약 동탁이 초선을 포기하고 여포에게 주었다면 살해되지 않고 계속 권좌에 있었을지 모른다. 동탁의 무력은 여포에게서 나온다. 여포를 대항할 다른 무력을 동탁이 보유하지 못한 상황에서는 동탁은 여포와 윈윈 전략으로 가야 했을 것이다. 그러기 위해서 동탁 또한 질투심을 극복하고 '버림' 감정 근육으로 초선을 버렸으면 역사는 바뀌었을지도 모른다.

시기는 정의감으로 둔갑한다

시기는 소중하게 생각하는 것에 대하여 갖지 못한 사람이 가진 사람에게 느끼는 감정으로서 상대적 빈곤감이라고 할 수 있으며, 정치적으로는 사회정의구현을 하게 한다. 시기와 유사한 감정으로 '정의감'이 있다. 정의감은 사회적 시기이다. 개인과 개인 간에는 시기이지만, 이것이 사회적으로 집단화되게 되면 정의라는 개념으로 나타난다. 재산, 권력, 명예 등이 불공정하게 이루어졌을 때, 시기와 분노가 합쳐 정의감이 된다.

보통 우리는 자기에게는 한없이 관대하다가도 남에게는 엄격하다. 그래서 정의감도 자기편에는 관대하고 남에게는 엄격한 잣대를 겨누는 감정이다. 여기서 내로남불(내가 하면 로맨스 남이 하면 불륜)이 적용된다. 시기가 너무 커지면 위험하다. 과하면 비난, 폭력 등 파괴적 행동을 유발하여 타인과의 갈등을 만들게 된다. 제2차 세계대전 중 히틀러가 이끈 나치당이 독일 제국과 독일군의 점령지 전반에 걸쳐 계획적으로 약 6백만여 명의 유대인을 학살했다. 그 당시 유럽에 거주하던 9백만 명의 유태인 중 약 2/3에 해당한다. 독일군은 유태인을 화물 열차에 실어서 집단 학살 수용소로 이송했다. 화물 열차에서도 많은 사람들이 죽었는데, 살아남은 이들은 차례대로 가스실에서 죽음을 맞이하였다. 이것은 독일인의 유대인에 대한 시기심이 큰 원인이다. 그 당시 독일인들은 유대인에 대한 학살이 정의로운 것이라고 생각하였다.

••• 존경, 시기, 감탄, 질투 •••

역할 : 자기 발전의 원동력이다.

부작용 : 질투의 대상이 나보다 못한 사람일 경우는 분노가 촉발된다. 또는 우울
하게 한다. 다른 사람이 잘하는 것을 보면서 무엇인가 나의 것이 뺏길
것 같아 화가 나고 슬퍼지게 된다. 과하면 비난, 폭력 등 파괴적 행동을
유발하여 타인과의 갈등을 만들게 된다.

감정 근육 : '언시', '버림'

감정 근육 '언시'는 "좋은 말을 상대에게 베푼다."는 불교의 무재칠시 중 하나이
다. 여기서는 상대에게 찬사를 보내는 것을 말한다. 찬사를 보내고 모든 것을 버
리겠다는 각오로 시기, 질투심 등을 버린다. 존경, 시기, 감탄, 질투 감정들은 모
두 동일한 감정 근육을 가진다. 이러한 감정들은 남이 잘 나갈 때 생긴다. 내가
잘 나갈 때는 위기이므로 조심해야 하지만, 남이 잘 나갈 때는 반대로 앞으로 내
가 잘 나갈 수 있는 발판을 마련하는 기회이다. 이 기회를 감정 근육을 써서 잡
아라. 찬사를 받은 사람들은 앞으로 나에게 기회를 줄 것이다.

역린을
건드리지 마라!

역린

　중국 전국시대 말기에 한비자라는 사람이 있었다. 진나라의 진시황은 주변 6국 가운데 가장 힘이 약한 한나라부터 공격 대상으로 삼았다. 한비자는 한나라의 사상가였다. 자신의 나라를 지키고 싶었던 한비자는 여러 차례 부국강병을 위한 계획을 올렸지만 받아들여지지 않았다. 그러는 사이에 진나라는 한나라를 공격한다. 진시황은 한비자가 현자임을 이미 알고 있어 한비자를 자기 사람으로 만들고 싶었다. 화해를 요청하러 한비자가 사신으로 오자 그를 억류하였다. 그리고 한나라를 공격하여 정복한다. 한비자가 자신의 말이 받아들여지지 않은 설움과 안타까움에 적은 저술에 다음과 같은 말이 있다. "용이라는 동물은 유순하여 길들이면 올라탈 수 있다. 그러나 그 목 아래의 한 자 길이에 거꾸로 난 비늘이 있는 경우, 그 비늘을 건드리면 죽을 수 있다."

　역린은 용의 목에 거꾸로 난 비늘이다. 아무리 지혜로운 전략이라도 권력자에게 제시할 때 역린을 건드리지 말고 제시하라는 말이다. 사람마다 약점이 있다. 약점 중에서 특히 고칠 수 없는 약점이 있다. 그 약점을 신경 쓰지 않으면 아무 문제가 없다. 그런데 그 약점이 신경 쓰이고 숨기고 싶은 것이 된다면 그 약점은 콤플렉스가 된다. 콤플렉스를 가진 사람은 콤플렉스가 역린이다. 이 역린을 비난하였을 때는 상당히 심각한 결과가 올 수 있다. 상대의 역린이 보이면 멸시 감정의 감정 근육을 사용하자.

모텔 살인 사건

　모텔에서 살인 사건이 일어났다. 남녀가 투숙을 같이 하였는데 남자가 여자를 죽인 것이다. 남자는 선천적으로 언청이 질병을 갖고 있었다. 언청이는 태어날 때, 입술이나 잇몸이 갈라져 있는 질병이다. 콤플렉스인 언청이를 여자가 비난한 것이다. "오빠는 말도 제대로 하지 못하면서 왜 남의 일에 신경을 써."라는 말이 죽인 이유이다. 여자를 때려 침대에 쓰러트린 뒤 실신한 여자를 지속적으로 폭행하고 급기야는 선풍기 전선을 이용해 잔혹하게 살해했다.

　여자는 남자의 콤플렉스인 언청이 부분은 절대 건드리지 말았어야 했다. 언청이는 남자의 역린이었다. 그 역린을 건드린 것이다. 비난이 생활화된 사람은 자칫 상대의 역린을 건드릴 수 있다. 상대가 역린이 있을 때, 멸시의 감정 근육을 활용하자.

살인을 한 초등학생 여자아이

　초등학교 고학년 여자아이 A가 피를 흘리며 아파트 복도에 쓰러져 있었다. 아이를 발견한 목격자가 비명을 지르자 아파트 경비원이 달려와 확인하고 경찰에 신고하였다. 아이는 병원으로 이송 중 사망했다. 경찰이 조사하여 보니, 같은 또래의 친구 여자아이 B양이 죽인 것이었다. 그 아파트는 B양의 조부모 집이었고, B양이 A양을 놀자고 초대한 후 벌어진 것이다. 경찰이 들이닥쳤을 때, B양은 혈흔을 지우고 있었다. 처음에는 모르는 사이라고 거짓말을 하였지만, 계속된 추궁에 자백하였다. 교회에서 서로 만난 사이인데, 학교는 서로 다른 학교에 다니고 있었다. 그런데 B양의 부모가 이혼한 것을 A양이 퍼트리고 다닌다는 것이 살인의 이유였다. 부모의 이혼 사실이 B양에게는 역린이었다. 이 역린을 A양이 건드린 것이다. 역린에 대한 비난은 어린아이들 사이에서도 살인이 일어날 수 있는 요인이 되는 것이다. 평소 감정 근육 사용을 생활화하자.

••• 멸시, 측은, 실망, 고소 •••

역할 : 반면교사 효과를 낸다. "나는 저렇게 되지 말자"라고 생각하면서 노력하게 만든다.

부작용 : 과한 멸시감은 폭력을 유발하기도 한다. 과거 히틀러는 유대인뿐만 아니라 장애인도 학살했다. 장애인 학살은 멸시감이 원인이다. 가치가 내려간 상대를 비난 또는 조소하여 인간관계가 나빠지게 된다.

감정 근육 : '인정', '긍정', '공감', '배려'

그럴 수 있다고 인정하고, 긍정으로 다시 본다. 그리고 공감하고 배려한다. 가치 약자는 노숙자, 수감자, 장애인, 실직자 등이다. 멸시, 측은감, 실망, 고소함은 가치 약자를 보면 발생하는 감정으로 모두 동일한 감정 근육을 가진다. 인간은 사회적 동물이다. 집단의 소속으로 있어야 안전하다. 내가 속한 집단은 내 편이다. 내 편 사람들이 잘 되어야 나의 안전도 그만큼 강화되고 다른 여러 가지에서도 나에게 유리하다. 따라서 내 편의 사람들과는 공감하게 되면서 그들이 가치에서 약자이면 측은감과 실망감이 생긴다. 내 편이 아닌 가치적 약자에게는 멸시감과 고소함이 생긴다.

유리멘탈을
강철판으로 바꿔라!

한의사 부부의 자살

남편도 아내도 모두 한의사이다. 남편은 아내와 어린 자식 2명을 모두 목 졸라 죽이고, 집에서 뛰어내려 자살했다. 병원 확장 및 인테리어 문제로 얼마 전에 부부 싸움을 하였다고 한다. 이상은 뉴스 내용이다. 병원 운영과 관련된 경제적 문제가 사건의 원인으로 추정된다. 잘 나가는 사람일수록 실패에 대한 충격이 클 수 있다.

박사방 이용 40대 남성 한강 투신

성 착취 영상이 오간 텔레그램 '박사방'을 이용한 것으로 추정되는 40대 남성이 한강에서 투신했다. 투신 현장에는 A4용지 한 장 분량의 유서가 발견됐다. 유서에는 "박사방에 돈을 입금했는데 일이 이렇게 커질 줄 몰랐다. 피해자들과 가족, 친지들에게 미안하다."는 내용이 적힌 것으로 알려졌다. 직장인으로 알려진 그는 박사방 가담자들을 철저히 수사한다는 언론보도 등에 강한 압박을 느낀 것으로 알려졌다. 이상은 뉴스 내용이다.

이 사람은 선과 악을 떠나 멘탈이라는 측면으로만 본다면 멘탈이 아주 약한 사람으로 추정된다. 갑자기 그에게 찾아온 불안, 죄책감, 수치심 등의 불쾌감을 견디지 못한 것이다. 평소 느끼지 못한 이 강한 불쾌감에 대하여 견딜 수 있는 멘탈이 없는 것이다. 감정 근육을 강화시키면 강한 멘탈이 생긴다.

보이스피싱 피해자 20대 남성 극단적 선택

20대 청년이 보이스피싱의 전형적인 사기행각에 당한 후 목숨을 끊었다. 청년이 당한 사기 방법은 다음과 같다. 먼저 피해자의 계좌가 대형 금융사기 범죄에 연루되어 있으므로 그 계좌의 모든 돈을 찾아 다른 곳에 보관하여야 한다고 속인다. 피해자가 돈을 특정 장소에 두면 피해자를 근처 다른 곳으로 유인한다. 그리고 돈을 가지고 간 후, 연락을 끊는다. 다음은 뉴스 내용이다. 11일 전북 순창경찰서에 전화금융사기(보이스피싱)를 당한 20대 취업준비생이 스스로 목숨을 끊는 안타까운 사건이 발생했다. 12일 전북 순창경찰서 등에 따르면 피해자 A씨(28)는 설 연휴를 하루 앞둔 지난달 22일 순창의 한 아파트에서 숨진 채 발견됐다.

A씨는 사망 이틀 전인 지난달 20일, 한 남성이 걸어온 전화 한 통을 받았다. 이 남성은 자신을 서울 중앙지방 검찰청 검사라고 소개했다. 보이스피싱이었다. 전화를 건 남성은 A씨의 의심을 피하고자 조작된 검찰 출입증과 명함을 보내기도 했다. 이 남성은 A씨에게 "계좌가 대규모 금융사기에 연루돼 일단 돈을 찾아야 하고 수사가 끝나면 돌려주겠다."라며 "계좌에 있는 돈을 인출해 서울로 오라."고 지시했다. 또 전화를 끊으면 현행법에 따라 형사처벌을 받을 수 있다고 협박했다. A씨는 정읍의 한 은행에서 430만 원을 찾아 KTX를 타고 서울로 향했다. A씨는 남성의 지시에 따라 서울의 한 주민 센터 인근에 돈을 놓아뒀다. 수사가 끝나면 돈을 돌려주겠다는 말을 믿은 A씨는 그와 만나기로 한 카페에서 기다렸지만, 이 남성은 끝내 나타나지 않았다. A씨가 놓아둔 돈

도 이미 사라진 상태였다. 11시간 동안 남성에게 끌려다니던 A씨는 연락이 두절되자 좌절감에 시달렸다. 그는 결국 이틀 뒤 극단적인 선택을 하고 말았다. 이 청년은 장애인 봉사 활동을 하는 착한 청년이었다. 죽을 때까지 자기가 보이스피싱에 당한 것을 몰랐다고 한다. 오히려 전화가 끊어지고 이로 인해 자기가 공무집행방해죄로 입건되는 상황인 것으로 잘못 생각하면서 극심한 심리적 압박에 자살한 것이다. 이상은 뉴스 내용이다. 청년이 죽기 바로 전에는 자괴감, 수치심, 죄책감, 슬픔 감정이 극도로 고조된 상태일 것이다. 감정 근육이 절실히 필요한 때이다.

유명 연예인이 성폭행 촬영물을 대화방에 공유

유명 연예인이 지인들이 포함된 단체 대화방을 통해 수차례 불법 촬영물을 공유하였다. 이들은 여성을 만취시키고 집단 성폭행한 혐의를 받고 있다. 이러한 내용이 사회에 알려져 비난을 받게 되기 전까지는 지인들의 세계에서는 이 연예인은 자부심으로 촬영물을 대화방에 올렸을 것이다. 그러나 사회에 알려지면서 자부심은 수치심으로 바뀐다. 집단의 규칙과 목적을 자신의 기준으로 삼는데 그 기준에 자신이 떨어지는 것으로 생각하는 것을 수치라고 보았을 때, 여기서 집단이 바뀐 것이다. 비난 전의 집단은 지인들의 세계이고, 비난 이후의 집단은 전체 사회로 확대된다. 이 행위는 지인 집단의 규칙과 목적에는 부합되었지만, 전체 사회 집단의 규칙과 목적에는 부합되지 않는다. 따라서 같은 행위인데도 평가 집단이 달라지면서 감정이 달라진다. 자부심에서 수치심으로 바뀌는 것이다.

뇌 과학자 본인의 뇌출혈 경험

뇌 과학자에게 뇌출혈이 생겼다. 좌뇌에 뇌출혈이 생기면서, 뇌출혈이 진행되는 과정을 뇌 과학자 입장에서 생생하게 경험하게 된 것이다. 그녀는 좌뇌가 마비되고 우뇌만 작동하는 상태에서 본인의 신체 감각이 점점 사라지는 것을 느꼈다. 그러면서 신체를 넘어서서 주위의 사물들과 자기 자신이 동화되는 경험을 한다. 그녀에게 뇌출혈 과정은 신비하고 황홀한 느낌이었다고 한다. 좌뇌는 주위와 나를 구분하여 나를 평가하고 지키는 이성적 영역이다. 반면에 우뇌는 주위와 나를 공감시키는 감성적 영역이다. 그런데 그녀는 좌뇌가 고장 나면서 우뇌만 작동하는 상태이므로 주위와 동화되는 신비한 경험을 한 것이다.

수치는 "남들이 나를 어떻게 생각할까?" 때문에 생긴다. 나라는 신체가 세상으로부터 구분되어 하나의 별도 객체가 되어야, 나에 대한 평가가 의미가 있다. 내가 존재하지 않거나 다른 사람과 구분이 되지 않는다면, 내가 비난받는 것이 무슨 의미가 있는가? 그래서 법에서도 살인 용의자가 죽으면 공소권 없음으로 처리한다. 내가 고칠 수 없는 것에 대한 비난이나 나의 가치에 대한 비난은 무시할 줄 알아야 한다. 그런 비난을 극복하지 못하면 자괴감, 수치에 빠져 인생이 괴롭기만 하게 될 뿐이다. 이런 쓸데없는 비난을 손쉽게 극복하려면 좌뇌의 기능을 잠시 중지시키면 된다. 좌뇌가 그 역할을 못하면 주위와 나를 구분하지 못하므로 나에 대한 비난이 무시된다.

필요한 감정 근육은 '관망'이다. 관망 감정 근육은 비난받고 있는 나에게서 빠져나오는 것이다. 나에게서 빠져나오므로 좌뇌의 기능 중 하나인 주위와 나를 구분하는 기능이 중지되어 쓸데없는 죄책감에서 빠져나올 수 있다.

사고로 한 팔을 잃은 사람

어떤 사람이 사고로 한 팔을 잃었다. 여름이 되어 휴가차 바다에 왔다. 두 팔로 재미나게 해수욕을 하고 있는 사람들을 보다가 문득 한 팔이 없는 자기 자신이 너무 싫어졌다. 낙심하여 자살을 하기 위하여 바다에 들어갔다. 그런데 양팔이 모두 없는 사람이 옆에서 춤을 추면서 웃고 있는 것이었다. 그래서 그 사람에게 물었다. "나는 한 팔이 없어 너무 괴로워 자살하려고 하는데, 당신은 양 팔이 모두 없는데도 뭐가 즐거워 그렇게 웃으며 춤을 추십니까?" 그러자 그가 대답했다. "다리가 너무 가려워 미치겠어요." 한 다리로 가려운 다른 다리를 긁으려고 애쓰는 모습이 춤을 추는 것처럼 보인 것이다. 상황을 이해하자 한 팔이더라도 가려운 다리를 긁을 수 있는 자기 자신이 이 사람보다는 훨씬 행복하다는 것을 알았다. 그리고 자살할 생각을 버리고 바다에서 도로 나왔다. 이 사례처럼 자괴감이 생길 때는 아래를 보고 긍정으로 나 자신을 위로하자.

악! 괴물이다~

친구가 암으로 투쟁하다 보니, 얼굴이 20년은 더 늙어 보이게 되었다. 머리는 다 빠지고, 눈은 움푹 들어가고, 얼굴의 모든 살이 빠져서 해골처럼 보였다. 친구가 길을 가는데 엄마와 함께 걷고 있는 어린아이와 마주치게 되었다. 어린아이는 외쳤다. "악! 괴물이다~" 그리고 엄마 뒤로 숨었다. 친구는 큰 충격을 받았다. 그 이후로 친구는 "모든 것을 버리자."라고 생각하며 산다고 했다. 지금은 암이 나아서 얼굴도 예전 얼굴로 거의 돌아왔다. 수치심의 감정 근육인 '버림'과 친구의 생각이 같다. 모든 것을 버릴 수만 있다면 웬만한 수치는 사라질 것이다.

급여 삭감

직장생활을 하다가 그만두고, 자영업을 할 때 이야기다. 장사를 처음 해보는 거라서 직원 관리에 대한 개념도 잘 몰랐다. 직원 없이 혼자 일 하다가 장사가 잘되어 직원을 채용하였다. 그러다가 장사가 잘 되지 않 자 직원의 급여를 삭감했다. 급여가 삭감된 직원은 얼마 있지 않아 그 만두었다. 그런 식으로 그 이후에 채용한 직원도 그만두었다. 이때 확실 히 알았다. 급여를 삭감하면 회사를 그만둘 정도로 직원이 큰 심리적 타격을 받는다는 것을. 그때 이후로 장사가 잘 되지 않아도 직원의 급 여는 손대지 않았다. 급여를 삭감한다는 것은 가치가 내려가는 것이다. 가치가 내려가면 당연히 슬픔이 발생한다. 슬픔과 함께 희망을 잃은 직 원은 회사를 그만두게 되는 것이다. 사장의 슬픔은 감정 근육으로 버티 면 되지만, 직원에게 슬픔을 주었을 때는 그들은 버티지 않는다.

결점을 극복한 사람들

팔다리가 없는 유명한 연설가 닉 부이치치, 차량 화재로 인하여 얼굴 이 추하게 되었으나 감사하며 지내는 여인, 루게릭병에 걸린 유명한 천 체물리학자 스티븐 호킹 박사. 이들은 모두 결점을 극복한 사람들이다. 결점이 수치스러워 괴로워한다면, 결코 극복되지 않을 것이다. 수치를 과감히 버리자.

행복의 3가지 조건

행복에는 3가지 조건이 있다. 일단, 몸이 건강해야 한다. 그리고 굶지 않을 정도의 돈이 있어야 한다. 마지막으로 남과 비교하지 말아야 한다. 자기보다 나은 사람은 이 세상에 얼마든지 있다. 이들과 비교하면 부정적이 되어 불행해질 수밖에 없다. 수치심은 남과 비교하여 자신이 못났을 때 느끼는 감정으로 행복에 방해를 준다.

●●● 자괴, 수치, 죄책, 슬픔 ●●●

역할 : 이 감정을 피하기 위하여 자기 관리를 하게 한다. 이 감정이 오면 벗어나기 위한 노력을 하게 한다. 이 감정에 빠져있으면, 주위 사람들은 그런 나를 착하게 본다. 그래서 주위 사람들을 무장 해제시켜 나에게 다가오기 쉬워지게 한다.

부작용 : 이 감정이 너무 과하면 절망을 하게 되어 자살을 선택할 수도 있다. 지속시간이 길어지면 우울증이라는 병이 된다. 사람을 피하며 살게 되어, 사회생활이 어려워진다.

감정 근육 : '포용', '버림', '인정', '긍정'

불쾌감을 포용하고, 모든 것을 버리겠다는 각오로 감정을 다스린다. 그리고 상황을 인정하고 긍정으로 다시 본다. 이 감정들에 빠지는 시간이 길수록 인생은 불행하다. 이 감정들은 관리하기가 무척 힘들고 불쾌하며 너무 빠지면 자살을 선택하기도 한다. 자괴감, 수치, 죄책감, 슬픔 감정들은 모두 동일한 감정 근육을 가진다. 어떤 감정도 나쁜 감정은 없다. 불쾌 감정도 인간에게 필요하여서 생긴 것이다. 불쾌 감정이 크게 발생하면 그 감정을 견디지 못해 자살을 선택하는 멘탈이 약한 사람들이 있다. 이렇게 멘탈이 약한 사람들의 멘탈을 유리멘탈이라 한다. 유리는 쉽게 깨진다. 유리를 아주 튼튼한 강철판으로 바꾸자. 유리멘탈을 강철판멘탈로 바꾸기 위하여 필요한 것은 감정 근육이다. 감정 근육을 키워 불쾌감에 괴로워하지 말고, 불쾌감을 거부하지도 말고 그대로 받아들이자.

회사에 기관단총을
들고 출근하라!

진상에게조차도 사랑받기

어떤 회사에도 항상 진상이 있기 마련이다. 진상은 한 회사에 보통 오래 근무한다. 왜냐하면 진상은 다른 사람들에게 고통을 줄지언정 자기는 고통을 덜 받기 때문이다. 실화이다. A가 한 회사에 입사했다. 여기에 있는 진상은 새로 들어온 직원들과는 항상 싸운다. 한 마디로 텃세를 부리는 것이다. A가 회사에 들어온 지 반년이 지났다. 그러나 진상은 A와는 한 번도 싸운 적이 없을뿐더러 오히려 아주 잘 대해 준다. 하루는 진상이 A가 요청도 하지 않았는데 업무적으로 아주 유용한 정보를 종이에 글을 써가면서 친절하게 A에게 가르쳐 주고 있었다. 출근하면서 이 모습을 본 A의 동료는 A를 따로 부르더니, 진상이 A에게만 유독 잘 하는 것이 너무 희한하다는 듯이 말했다. 사실은 다 이유가 있다.

그 날 사장이 A에게 어떤 업무를 지시하였는데 그 업무를 A는 진상의 도움을 받아 이미 처리한 상태였다. 이때 A의 사장에게 A가 한 말이 오늘 진상이 특히 잘 대해주는 것에 대한 비결이다. "ㅇㅇ님(진상)이 도와주셔서 어제 모두 처리하였습니다." 미리 조치하였다고 말을 하면서 자신만 추켜세울 수도 있었다. 그러나 그렇게 하지 않고, 공을 진상에게 돌린 것이다. 진상은 "왜 나를 끌고 들어가~"하면서 얼굴에 화색이 가득했고, 도움을 더 주기 위하여 적극적으로 A에게 다가온 것이다. A는 회사에 출근하면서 '칭찬', '인정'을 마음속으로 외친 다음에 회사 문을 열고 들어간다. 이것이 평소 진상조차도 A에게 잘해주는 비결이다.

인생의 기회

기회는 모두에게 온다. 그러나 기회를 모두가 가지는 것은 아니다. 기회를 담을 그릇을 만들어 가지고 있는 사람만이 기회를 가지는 것이다. 작은 그릇을 만든 사람은 작은 기회를 가지고, 큰 그릇을 만든 사람은 큰 기회를 가진다. 자격이 되지 않는 사람이 리더가 되면 그 조직은 망한다. 물론 본인도 같이 망한다. 인생은 순리에 따라야 하는데 작은 그릇에 큰 기회를 담으면 순리에 역행하는 것이므로 오히려 위기가 되는 것이다. 기회를 담을 그릇을 만들어 놓은 사람 즉, 준비된 사람에게는 기회가 언젠가 온다.

인생에 기회는 3번 온다는 말이 있다. 이런 기회는 인생의 터닝 포인트가 될 수 있을 정도의 큰 기회를 말한다. 큰 기회를 잡으려면, 평소 작은 기회를 계속 잡으면서 기회를 담는 그릇을 키워야 한다. '너'가 잘했을 경우, '너'가 잘못했을 경우는 모두 '너'가 주어이다. 이렇게 행위의 주체가 상대인 경우는 모두 나에게 작은 기회가 온 것이다. 이 기회는 상대를 친구로 만들 수 있는 기회를 말한다. 첫째, 상대가 잘하면 속으로 감탄만 하지 말고, 바로 칭찬의 선물을 준다. 둘째, 상대가 잘못하여 실망스럽더라도 그럴 수 있다고 너그럽게 인정해준다. 앞으로 그들은 친구가 되어 내가 위기에 처해 있을 때, 나를 도와줄 것이다.

인생의 위기

　기회의 반대는 위기이다. 빈번한 작은 사고들이 무수히 발생하다가 결국 어느 날 큰 사고가 발생한다. 자주 음주 운전하다가 결국 어느 날 음주 단속에 걸리게 된다. 꼬리가 길면 결국 잡힌다. 이러한 맥락에서 큰 기회나 큰 위기도 어느 날 갑자기 생기는 것이 아니다. 무수한 작은 기회와 위기들이 발생하다가 어느 날 큰 기회와 위기로 연결되는 것이다. 작은 기회들을 계속 나의 것으로 만들다 보면 기회를 담을 나의 그릇은 점점 커지게 되고, 나중에는 큰 기회도 가질 수 있게 될 것이다. 마찬가지로 작은 위기들을 슬기롭게 처리하며 위기관리 능력을 키우다 보면 언젠가 큰 위기가 와도 처리가 가능하게 될 것이다.

　내가 잘했을 경우, 내가 잘못했을 경우는 모두 내가 주어이다. 이렇게 행위의 주체가 '나'일 경우는 위기가 찾아온 경우이다. 내가 잘하였으면 다른 사람들은 질투의 눈으로 나를 아래로 떨어트릴 기회를 찾고 있기 때문이고, 내가 잘못하였으면 그 자체로 위기이기 때문이다. 첫째, 내가 잘하여 명예를 느낄 때는 자랑하지 말고 오히려 남을 칭찬한다. 여기서의 칭찬은 공덕을 남에게 돌리는 배려이다. 예를 들면 "당신이 도와주어서 그렇게 된 것이다.", "당신의 힘이 더 컸다." 등이다. 그들은 나에게 겨누었던 질투의 화살을 내려놓을 것이다. 둘째, 내가 잘못하여 죄책감이 발생 시 솔직하게 잘못을 인정한다. 더 이상 주위 사람들은 이미 잘못을 인정한 당신을 괴롭히지 않을 것이다.

내가 잘하든 남이 잘하든 칭찬이고, 내가 못하든 남이 못하든 인정이다. 회사라는 공적 인간관계 전쟁터에서 남들이 죽창을 들고 출근할 때, 나는 기관단총을 들고 출근한다. 기관단총은 '칭찬', '인정'이다. 출근길이 아주 든든하고 심지어는 기대될 것이다. 출근하여 사무실에 들어가기 바로 전에 마음속으로 '칭찬', '인정'을 한 번 외친 후, 출입문을 열어라.

누구나 자기의 가치를 올리고자 한다. 이 욕망을 내가 충족시켜 주면 그들은 내 편이 된다. 가치에는 능력, 상태, 행위, 결과가 있다.

능력과 관련된 감정이 능력 감정이다. 능력에는 지혜, 학식, 덕성, 체력, 미모 등 여러 가지가 있다. 분류는 잘남, 못남이다. 남이 잘나면 존경하고, 못나면 멸시한다. 내가 잘나면 자존감이 생기고, 못나면 자괴감이 생긴다. 그러므로 능력 감정은 '존경', '멸시', '자존', '자괴'이다.

상태와 관련된 감정이 상태 감정이다. 상태는 대상의 상태를 말하며 상태로는 학력, 재력, 권력, 친구, 가족 등 여러 가지가 있다. 분류는 좋음, 나쁨이다. 남이 좋은 상태이면 시기하고, 나쁜 상태이면 측은감이 생긴다. 내가 좋은 상태이면 자부심이 생기고 나쁜 상태이면 수치심이 생긴다. 그러므로 상태 감정은 '시기', '측은', '자부', '수치'이다.

행위와 관련된 감정이 행위 감정이다. 행위는 가치 변화를 일으킨 행위를 말한다. 분류는 잘함, 못함이다. 남이 잘하였으면 감탄하고, 잘못하였으면 실망한다. 내가 잘하였으면 명예감을 느끼고, 잘못하였으며 죄책감을 느낀다. 그러므로 행위 감정은 '감탄', '실망', '명예', '죄책'이다.

결과와 관련된 감정이 결과 감정이다. 결과는 행위의 결과로 인한 가치 변화이다. 분류는 잘됨, 못됨이다. 남이 잘되면 질투하고, 잘못되면 고소하다. 내가 잘되면 기쁘고, 잘못되면 슬프다. 그러므로 결과 감정은 '질투', '고소', '기쁨', '슬픔'이다.

능력 감정, 상태 감정, 행위 감정, 결과 감정은 모두 감정 근육이 동일하다. 그래서 모두를 하나로 묶어 가치 감정으로 정의한다. 가치 감정사분면에서 각 사분면별로 감정은 다음과 같다.

가치 감정사분면		
	너	나
강	존경, 시기, 감탄, 질투	자존, 자부, 명예, 기쁨
약	멸시, 측은, 실망, 고소	자괴, 수치, 죄책, 슬픔

1사분면 : 자존, 자부, 명예, 기쁨
가치에서 내가 강한 경우로서 나의 가치가 높다. 자존감, 자부심, 명예, 기쁨 감정이 발생한다. 감정 근육은 '감사', '언시', '배려'이다. 감사의 마음을 가지고 오히려 상대에게 칭찬 등의 좋은 말을 건네고 상대를 배려한다.

2사분면 : 존경, 시기, 감탄, 질투
가치에서 너가 강한 경우로서 너의 가치가 높다. 존경, 시기, 감탄, 질투 감정이 발생한다. 감정 근육은 '언시', '버림'이다. 칭찬 등의 좋은 말을 베풀고, 내 마음속의 욕심은 버린다.

3사분면 : 멸시, 측은, 실망, 고소
가치에서 너가 약한 경우로서 너의 가치가 낮다. 멸시, 측은, 실망, 고소함 감정이 발생한다. 감정 근육은 '인정', '긍정', '공감', '배려'이다. 상대의 약한 부분을 인정하고, 긍정적으로 상대를 다시 본다. 그리고 상대를 공감하며 배려한다.

4사분면 : 자괴, 수치, 죄책, 슬픔
가치에서 내가 약한 경우로서 나의 가치가 낮다. 자괴감, 수치, 죄책감, 슬픔 감정이 발생한다. 감정 근육은 '포용', '버림', '인정', '긍정'이다. 괴로운 감정을 받아들이고, 모든 것을 버리겠다는 각오로 상황을 인정하고 받아들인다. 그리고 긍정적으로 다시 본다.

5

친구 만들기

사랑은
받는 것이 아니다!

애완견

애완견을 키우는 집에서는 주인이 집에 들어오면 애완견이 꼬리를 흔들며, 가장 먼저 반긴다. 회사에서 받은 스트레스가 싹~ 사라지면서 기분이 좋아진다. 이것이 애완견을 키우는 이유 중 하나일 것이다. 애완견은 이렇게 집주인에게 사랑을 주고, 반대급부로 집주인에게서 식량과 안식처를 제공 받는다. 애완견과 집주인의 관계는 집주인은 강자이고 애완견은 약자이다. 만약 약자인 애완견이 집주인에게 으르렁거린다면, 그 애완견은 버려질 것이다. 아무것도 가진 것이 없는 애완견에게는 살아나가는 데 있어서 가장 큰 무기는 '사랑'이다. 애완견은 '언시'로 사랑의 표시를 할 수 없으므로, 꼬리를 흔들어서 사랑을 표시한다.

이성 간의 사랑

이성 간의 사랑은 종을 유지하기 위하여 반드시 필요한 것이다. 동성생식은 암컷이 수컷의 도움 없이 스스로 분열하여 증식하는 것이고, 이성생식은 암컷과 수컷의 성교 등을 통하여 유전자를 서로 섞음으로써 분열 증식하는 것이다. 동성생식보다 유전자를 서로 섞는 이성생식이 훨씬 더 다양한 유전자를 가질 수 있다. 이 다양성으로 인하여 바이러스와의 전쟁에서 동성생식보다 이성생식이 훨씬 유리할 수밖에 없다.

모든 종은 바이러스와의 전쟁에서 살아남았기에 존재하는 것이다. 그러므로 현재 지구에 살아남은 대부분의 생물은 이성생식을 한다. 이성생식을 위한 이성 간의 사랑은 종이 자기 종을 유지하기 위하여 반드시 필요한 첫 번째 원초적인 사랑이다.

어머니의 사랑

어머니의 무조건적인 사랑을 받은 아기는 무사히 자라나 성인이 되어 자립하게 된다. 지구상에서 현재 멸종하지 않고 남아있는 모든 종들은 대부분 어머니의 사랑을 가지고 있다. 악어는 중생대 공룡과 함께 등장하여 아직도 그 종을 유지하고 있다. 악어는 흉포하지만 자식에 대한 어머니의 사랑은 깊다. 알을 낳으면 알이 부화할 때까지 다른 동물이 먹지 못하게 지키고 알에서 새끼가 나오면 무시무시한 입으로 살짝 물어 입속에 집어넣은 후, 강으로 데려간다. 이러한 것들이 악어가 중생대 공룡시절부터 지금까지 존속하였던 비결 중의 하나일 것이다. 이렇게 어머니의 사랑은 종이 자기 종을 유지하기 위하여 반드시 필요한 두 번째 원초적인 사랑이다.

아가페 사랑

아가페는 사랑을 뜻하는 여러 개의 그리스어 낱말 가운데 하나이다. 고대 그리스에서 지금까지 여러 가지 뜻으로 쓰여 왔지만, 보통 거룩하고 무조건적인 사랑을 뜻한다. 성경에서 "너의 원수를 사랑하라"는 말도 있다. 무조건적인 사랑은 당연히 원수에게도 적용되는 것이다. 어머니의 사랑은 자기 자식에게만 적용되지만, 예수님의 사랑은 모든 사람에게 심지어 원수에게도 적용된다. 그러므로 예수님의 사랑은 아가페의 사랑이다. 그렇지만 이런 아가페의 사랑은 인간에게만 적용하여야 할 것이다. 인간 이외의 다른 동물들이 이 사랑을 가지고 있다면, 그 동물은 위험에 직면할 것이다.

모든 동물들은 치열한 적자생존의 세계에 살고 있다. 만약 어떤 동물이 아가페의 사랑을 가지고 있다고 한다면, 그 동물은 적자생존의 상위 동물에게 잡아먹히게 되거나, 남을 배려하다가 굶어 죽게 될 것이기 때문이다. 그래서 아가페의 사랑은 사회라는 안전망 속에서 사는 인간에게만 해당된다. 인간은 사회적 동물로서 사회 속에서 안전을 보장받는다. 이런 중요한 사회를 유지하기 위하여 사회를 구성하는 구성원이 서로 호의적이어야 한다. 그러기 위해서 필요한 중요한 덕목이 바로 아가페의 사랑이다.

●●● 사랑 ●●●

역할 : 인간관계 결속력을 높인다.

부작용 : 너무 과하면 집착이 되어 스토커가 되기도 한다.

감정 근육 : '언시', '공감', '배려'

상대에게 언시를 준다. 여기서 언시는 사랑의 표시이다. 그리고 상대를 공감하고 배려한다. 우리는 살아가면서 만나는 모든 사람들에게 사랑을 줄 수는 없다. 가족, 친척, 친구, 직장동료, 지인들에게 사랑을 주게 된다. 자식에게는 어머니의 사랑을, 사랑하는 애인이나 부부간에는 남녀 간의 사랑을 준다. 그 이외에 다른 사람들에게는 주는 사랑은 서로 주고받는 거래 개념의 사랑이라고 할 수 있다. 내가 준 만큼 받을 수 있는 가능성을 보고 주는 사랑이라고 할 수 있다. 그런데 받은 다음 줄 것인가? 아니면 먼저 주고 나중에 받을 것을 기대할 것인가? 둘 중에서 선택하자면 후자를 선택하여야 할 것이다. 아무 조건 없이 사랑을 준다. 그리고 사랑을 받은 사람들이 나에게 사랑을 되돌려 주면 좋고, 안 주면 그만이다.

은혜에 보답하라!

선감학원

선감학원은 소년 감화원이란 이름의 강제 수용소였다. 이 수용소는 일제가 '소년 감화'를 목적으로 만들었다. 그런데 수용소는 해방 이후에도 계속 운영됐다. 이 수용소 안에서는 문을 닫던 해인 1982년도까지 강제노동과 폭력 등 온갖 인권유린이 자행됐다.

한 사람이 있었다. 그는 7살의 어린 나이에 어머니에게 버림을 받았다. 서울역 부근에서 어머니는 "먹을 것을 사 올 테니 꼼짝 말고 기다리라."고 하고서는 그를 버리고 떠났다. 서울역에서 엄마를 찾기 위해 하루에 수백 명의 얼굴을 확인하며 꼬박 3일을 기다렸다고 한다. 그 후 그는 이곳에 수감되어 혹독한 인생을 살게 된다.

부모의 따뜻한 보살핌을 받으며 정상적 가정 속에서 산 사람들은 부모님에게 항상 감사의 마음으로 살아야 할 것이다.

주인을 구조한 반려견

한 남성이 새해를 약 한 시간 남겨두고 잠옷 차림으로 장작을 구하기 위해 밖에 나왔다가 변을 당했다. 눈길에 미끄러진 그는 목뼈가 부러졌으나 밤새 아무런 도움도 받지 못했다. 악을 써가며 구조를 요청했으나 소용없었다. 그의 목소리를 듣고 달려온 것은 사람이 아닌 반려견이었다. 남성은 이웃 주민에게 도움을 구하기 위해 소리쳤지만, 제일 가까운 이웃집도 멀리 떨어져 있었다. 게다가 밤늦은 시간대였다. 하지만 그때 반려견이 달려왔다. 한밤중 눈길에서 오도 가도 못하게 된 남성은 체온이 급격히 떨어져 동사할 수도 있는 상황이었다. 반려견은 밤새 남성의 곁을 지키며 그의 위에 앉아 얼굴과 손을 핥았다.

아침이 되자 목소리가 더는 나오지 않아 소리를 지를 수도 없었다. 그때도 반려견은 남성의 곁을 떠나지 않으며 주변 사람들에게 사고를 알리기 위해 계속 짖었다. 남성은 결국 의식을 잃었지만, 반려견의 노력은 헛되지 않았다. 사고가 있고 다음 날 아침, 반려견이 짖는 소리를 듣고 남성을 발견한 이웃주민이 신고한 덕택에 남성은 무사히 병원으로 옮겨졌다. 짐승도 이렇게 주인의 사랑에 감사의 마음으로 보답한다.

●●● 감사 ●●●

역할 : 인간성이 있어 보이게 한다.

부작용 : 과하면, 다른 사람들에게 쉽게 보인다.

감정 근육 : '언시', '배려'

상대에게 언시를 준다. 여기서 언시는 감사의 표시이다. 그리고 상대에게 배려로 보답한다. '감사' 감정은 상대가 나에게 호의적일 때 생긴다. 호의에 보답하라.

미움이 커지면
분노로 폭발한다!

60대 가장이 아내와 딸을 살해

　60대 가장이 안방에서 자고 있는 아내를 흉기로 찔렀는데 아내는 거실로 도망쳤고 남편은 도망가는 아내를 거실에서 수차례 더 찔러 살해했다. 그리고 비명을 듣고 나온 딸도 살해했다. 이유는 퇴직하고 별다른 벌이가 없는 자기를 무시하였다는 것이다. 죽어가던 아내와 딸은 얼마나 어이가 없고, 공포와 고통이 컸을까? 평소 믿고 의지하던 가족에게 죽임을 당하였으니.

　살해한 남편의 입장에서는 자기를 구박하는 아내와 무시하는 딸을 보면서 미움 감정이 극도로 고조되어 분노로 폭발되었을 것이다. 미움 감정은, 나는 그들을 사랑하는데 그들은 나에게 사랑을 주지 않고 있다고 생각하기 때문에 발생한다. 미움 감정의 방치는 한 집안을 잔인하게 파괴할 수 있다. 미움 감정이 분노로 폭발하기 전에 감정 근육으로 다스리자.

폐지 주워 사는 할아버지

할아버지와 손자는 단 둘이서 산다. 국가에서 나오는 보조금에 폐지를 주워 고물상에 팔아 생긴 돈으로 힘들게 살고 있다. 어느 날, 할아버지가 리어카에 폐지를 가득 싣고, 고물상을 가고 있는데, 손자가 친구들과 놀고 있다가 할아버지를 보았다. 할아버지는 반가워 손자를 보고 웃었는데, 손자 옆의 아이 중 하나가 물었다. "너, 아는 사람이니?" 손자는 대답했다. "모르는 사람이야." 할아버지는 충격을 받았다. 그리고 자신이 너무 수치스럽고, 손자가 미워졌다. 할아버지는 어떻게 감정관리를 하여야 할까?

●●● 미움 ●●●

역할 : 나에게 호의적이지 않은 사람을 피하게 한다. 인생을 불행하게 보내는 것을 막아준다.

부작용 : 과하면, 나하고 코드가 맞는 사람과만 만나므로 인간관계가 넓어지지 않는다.

감정 근육 : '관망', '버림', '인정', '긍정'

관망의 자세로 감정을 가라앉히고, 모든 것을 버리겠다는 심정으로 호의를 받고 싶은 마음을 버린다. 그리고 상대를 인정하고 긍정적인 면으로 다시 본다. 나는 상대와 좋은 유대관계를 가지고 싶은데, 상대는 나에게 호의적이지 않다. 미움 감정이 생긴다. 미움이 커지면 분노로 폭발한다. 폭발하기 전에 미움 감정을 다스려라.

거절을 못하면
친구도 돈도 잃는다!

돈 빌려간 친구 살해

친구에게 돈을 빌린 채무자가 채권자 친구를 만나러 갔다. 채무자는 친구를 만나러 가면서 지인에게 연락이 끊어지면 경찰에 신고해 달라고 부탁하였다. 연락이 끊겨 지인은 경찰에 신고하였고, 채무자는 채권자의 차량 뒷좌석에서 시신으로 발견되었다. 이상은 뉴스 내용이다. 채무자가 돈을 갚을 능력이 되지 않아 채권자는 분노로 살인을 한 것으로 추측된다. 채권자 친구 입장으로 보면, 친구에게 돈을 꿔주고 결국 돈과 친구 모두 잃고 본인은 감방에 가게 되며 인생까지 망치게 된 것이다. 애초에 친구가 돈을 빌려달라고 하였을 때, 감정 근육을 활용하여 거절을 시도한 후, 미안함을 인정하고 친구를 계속 사랑하고 배려하였다면 돈도 친구도 모두 잃지 않았을지도 모른다.

도서관에서 기침하는 사람

도서관에 있다 보면 옆에 앉은 사람이 쉴 새 없이 기침하는 경우가 있다. 감기 걸린 사람, 특히 기침을 심하게 하는 사람 옆에 오래 있으면, 나도 감기에 걸릴 수 있다. 예전에는 다른 자리로 옮기는 것에 대하여 그 사람에게 미안하여 시도하지 못하는 경우가 많았다. 요즘은 미안의 여러 감정 근육 중에서 '시도'를 생각하여 과감히 다른 자리로 옮긴다.

사거리의 현수막 병원 광고

도로 사거리에는 시에서 관리하는 현수막 광고 시설이 보인다. 그 안의 광고를 보면 유독 병원 광고가 많다. 내과, 비뇨기과, 정형외과, 한의원 등 다양한 병원 광고가 있다. 병원이 공익시설이 아니라 이윤을 내는 사업체로 보이게 하면서 부정적 이미지를 준다. 병원은 환자의 건강을 위한 공익적 개념이 있지만 그 전에 하나의 사업체인 것은 부정할 수 없다. 사업체는 이윤이 목표이다. 이윤이 도덕과 공익 위에 있을 수가 있다. 그렇기 때문에 병원을 한 번 신뢰하였더라도 무조건적으로 계속 신뢰하면서 그 병원에 나를 맡기는 것은 아니다. 특히 건강과 같이 중요한 것은 말이다. 그러므로 자주 다니는 단골 병원이더라도 미안함을 극복하고 다른 병원의 진찰도 객관적 신뢰를 위하여 시도할 필요가 있다.

••• 미안 •••

역할 : 인간성이 없는 메마른 사람으로 보이지 않게 한다.

부작용 : 사소한 미안함에도 괴로워하고, 또는 거절을 못하여 친구도 돈도 잃는 경우가 있다.

감정 근육 : '시도', '인정', '사랑', '배려'

접근, 거절, 호소 등을 시도한 후, 미안함을 인정한다. 그럼에도 불구하고 상대를 계속 사랑하고 배려한다. 별로 연락이 없던 사이에 불쑥 접근하기에 다소 미안하다. 그렇다고 미안함으로 접근을 하지 않으면 영원히 못 만날 수 있다. 거절은 부탁받은 것을 거절하는 것이다. 예를 들면 대출을 위한 연대보증과 같은 것은 친구도 잃고 돈도 잃을 수 있는 부탁이다. 이런 부탁은 거절하여야 한다. "병 주고 약 준다."는 말이 있다. 남을 해치고 나서 약을 주며 그를 구원하는 체한다는 뜻으로, 교활하고 음흉한 자의 행동을 비유적으로 이르는 말이다. 미안의 감정 근육 중에서 '시도'가 부탁에 대한 거절일 경우는 병 주는 것과 비슷하다. '사랑', '배려' 감정 근육은 그럼에도 불구하고 사랑을 주고 배려를 하는 것이므로 약 주는 것과 비슷하다. 따라서 미안의 감정 근육 '시도', '인정', '사랑', '배려'는 병을 주고 약을 주는 개념이다. 교활하고 음흉하게 상대에게 보일 것이다. 그러나 당장 지금은 그렇게 보일지라도 길게 보면 나도 살고 친구도 잃지 않는 비결이다.

호의 감정에는 '사랑', '감사', '미움', '미안'이 있다. '호의'란 상대에 대한 호의적인 마음이다. 호의 감정의 관리는 가족, 친지, 친구와 같은 사적관계를 좋게 한다. 호의 감정사분면에서 각 사분면별로 감정은 다음과 같다.

호의 감정사분면		
	너	**나**
강	감사	사랑
약	미움	미안

1사분면 : 사랑

호의에서 내가 강한 경우로서 내가 너에게 호의적이다. '사랑'의 감정을 가진다. 감정 근육은 '언시', '공감', '배려'이다. "사랑한다."와 같은 좋은 말을 베푼다. 그리고 상대를 공감하고 배려한다.

2사분면 : 감사

호의에서 너가 강한 경우로서 너가 나에게 호의적이다. 따라서 '감사'의 감정이 생기게 된다. 감정 근육은 '언시', '배려'이다. "감사합니다."와 같은 좋은 말을 건넨다. 호의를 받았으므로 보답으로 이번에는 내가 상대에게 호의를 베푸는 배려를 한다.

3사분면 : 미움

호의에서 너가 약한 경우로서 너가 나에게 호의를 주지 않고 있다. 따라서 '미움'이 생기게 된다. 감정 근육은 '관망', '버림', '인정', '긍정'이다. 관망의 자세와 모든 것을 버리겠다는 각오로 감정을 다스린 후, 상대를 인정하고 긍정적으로 다시 본다.

4사분면 : 미안함

호의에서 내가 약한 경우로서 내가 너에게 호의를 주지 못하고 있다. 따라서 '미안함'이 생기게 된다. 감정 근육은 '시도', '인정', '사랑', '배려'이다. 일단 거절 등의 시도를 한 후, 밀려오는 미안함을 인정하고 받아들인다. 그럼에도 불구하고 상대에 대한 사랑의 감정을 유지하고 상대를 배려한다.

6

——

인생 즐기기

즐거울 때
주위를 둘러보라!

범죄 행위

사람들은 알게 모르게 즐거움 감정의 지배를 받으며 산다. 그리스 로마 시대에 귀족들은 축제 때, 음식을 먹는 즐거움을 계속 느끼기 위하여 토한 후 다시 먹었다. TV 예능 프로는 재미있어야 오래 지속된다. 즉, 즐거움을 주는 프로이어야 한다. 범죄자들은 일반인에 비하여 위법적인 것에서 즐거움을 느낀다. 예를 들면 도박, 강간, 사기, 보이스피싱, 음란공연, 살인 등의 범죄 행위를 하면서 행위 도중에 즐거움을 느끼는 것이다. 이들은 재범률이 높다. 왜냐하면 즐거움은 중독성이 강한 감정이기 때문이다.

마루타 실험

2차 세계대전 중 일본은 포로나 무고한 사람들을 각종 잔인한 인체 실험의 대상으로 사용하였다. 실험대상이 된 사람들은 마루타라고 불렸다. 마루타 중에서 엄마와 아이가 있었다. 그들을 밀폐된 실험실에 가두고 실험실의 공기를 제거하여 기압을 떨어트리면서 어떤 결과가 오는지 연구하였다. 엄마는 공포와 고통 속에서 아이를 껴안고 있었다. 한계 이상 기압이 떨어지자 눈, 코, 귀, 입 등 모든 구멍에서 피와 액체들이 뿜어져 나오며 그들은 잔인하게 죽어갔다. 그런데 그것을 보던 군인들은 그 잔인한 장면을 보면서 웃고 즐겼다.

학교 폭력

지적 장애가 있는 중학생이 또래 2명에게 집단폭행을 당해 중태에 빠졌다. 한 중학교 3학년 학생 2명이 다른 중학교에 다니는 동급생을 폭행했다. 가해자 2명은 10여 분간 피해자의 온몸을 마구 구타했다. 가해자 중 학교 운동선수인 A군은 피해자의 머리를 집중적으로 걷어찼다. 머리를 축구공처럼 차는 이른바 '싸커킥'을 한 것이다. 다른 친구 몇 명이 폭행을 말렸지만, 가해자들은 멈추지 않았다. 사건 현장에 출동했던 소방서 측은 "피해자가 하늘을 보고 누워있었다"며 "이마가 심하게 부어있었고, 정상적인 의식 상태가 아니었기 때문에 중증환자로 생각했다"고 말했다. 피해자는 중환자실에 입원했고 두 차례의 뇌수술을 받았으나, 말을 제대로 하지 못하고 팔 부상도 심각해 이런 장애가 평생 갈 수 있는 상황인 것으로 전해졌다. 피해자 가족은 가해자들의 폭행이 지난 몇 달간 이어져 온 것이라고 주장했다. 이상은 뉴스 내용의 요약이다. 가해자가 피해자의 머리를 축구공처럼 집중적으로 찼다는 것은 피해자가 죽을 수도 있다는 것을 알고 찬 것으로 미필적 고의에 의한 살인 미수 행위로 볼 수도 있다. 거의 무차별 폭행을 즐기는 개념으로 추정된다.

놀이터의 그네

초등학생들이 선생님 인솔 하에 줄맞춰 놀이터 앞까지 걸어왔다. 놀이터 앞에서 선생님이 뭐라고 하자 모두들 놀이터 놀이기구들로 사방으로 뛰어갔다. 그러나 그네 앞까지 열심히 뛰어간 한 아이는 그네를 타지 않고 가만히 있는 것이었다. 경쟁 심리에 뛰어가 그네는 선점하였으나 그렇게 타고 싶지는 않은 모양이다. 적자생존의 이기고자 하는 욕망은 그 행위를 하는 중에 즐거움 감정을 발생시킨다. 행위가 끝나면 즐거움은 사라진다. 그네가 즐거운 것이 아니라, 그네를 차지하는 행위가 즐거움이다.

낚시

낚시터 중에서 손맛터라는 곳이 있다. 고기를 들어 올리는 손맛만 보고 잡은 고기는 다시 놓아 주는 곳이다. 어차피 다시 놓아 주어야 하기 때문에 잡은 고기가 내 것이 되어 가치의 상승으로 발생하는 기쁨은 없다. 단지 낚시를 하는 과정만 즐긴다. 그래도 이 즐거움을 사기 위하여 많은 낚시꾼들이 기꺼이 돈을 지불한다. 유럽이나 미국에서는 마약중독자 치료를 위한 하나의 방법으로 낚시를 선택하기도 한다. 불법적인 마약의 욕망을 건전한 낚시의 욕망으로 바꾸는 것이다. 낚시 행위에서 즐거움의 쾌감과 고기를 잡으면 기쁨의 쾌감까지 이중의 쾌감을 맛볼 수 있으므로 강렬한 마약 중독도 낚시로 치료하는 것이다.

너무나 맛있어 눈물 흘리며 먹은 김밥

백두대간 종주는 지리산에서 설악산까지 산등성을 따라 종주하는 등산이다. 전체 길이가 너무 길어 한 번에 다 종주할 수 없다. 그래서 격주 간격으로 전에 내려왔던 곳에서 다시 시작하여 계속 이어가는 방식으로 종주한다. 보통 새벽 3시 정도에 등산을 시작한다. 백두대간 종주 모임에 참여하여 눈이 내리는 어느 겨울밤이었다. 낙오하게 됐는데 다행히 어떤 한 사람과 같이 낙오되어 서로 의지할 수 있었다. 우리는 눈에 난 발자국을 보며 먼저 간 사람들을 쫓아갔다. 결국 한 곳에서 길을 놓쳤고 무작정 가다보니 어느 공동묘지로 가게 되었다. 무서웠다. 그곳을 바로 나와 계속 힘을 내어 전진하고 한참을 갔는데 원점인 그 공동묘지로 다시 오는 것이었다. 우리 둘은 완전히 혼비백산하였다. 깜깜한 한밤중에 귀신에 홀린 것처럼 느껴져 모골이 송연했다. 정신을 차리고 겨우 다른 길을 찾아 힘들게 등산을 계속했다. 새벽이 되자 날이 환해지기 시작했다. 다행히 정상적인 산행길로 가는 것임을 알게 되어 안도하고, 아침 식사를 하기로 하였다. 바위에 걸터앉아 등산 가방에서 차가워진 김밥을 꺼내 먹었다. 그런데 이 차가운 김밥이 얼마나 맛있었는지 내 인생에 그렇게 맛있는 김밥은 처음이었다. 김밥을 먹으며 너무나 맛있어 눈물이 찔끔 나오며 웃음이 나왔다. 한 마디로 시장이 반찬인 것이다. 무얼 먹을 여유도 없는 정신없는 행군으로 인하여 탈진한 몸이 음식을 강력히 요구하므로 차가운 김밥을 먹으면서도 희열을 느낀 것이다.

희열

희열은 아주 큰 즐거움이다. 극렬한 운동 중에 데드 포인트를 막 지난 시점(신경전달물질 도파민 분비), 매운 음식 먹기, 아주 맛있는 음식 먹기, 영화에서 격렬한 장면의 시청, 성행위 등의 행위 도중에 생긴다. 이러한 행위 도중에 아주 큰 놀람, 공포 등의 감정과 극렬한 오감의 감각 등이 생기게 되는데 오히려 이러한 극렬한 상태를 즐기는 감정 상태가 희열이다. 희열을 한 번 경험한 사람들은 다시 또 그런 희열을 원하게 된다. 운동 중독이 그중의 하나이다. 극렬한 운동 후에 오는 쾌감을 맛보기 위하여 다시 또 극렬한 운동을 하게 된다. 그것을 반복하다가 결국 몸이 고장 나게 된다.

●●● 즐거움 ●●●

감정 근육 : '관망', '배려'

관망의 자세로 감정을 다스리고, 남을 배려한다. 즐거움 감정은 행위 과정에 발생하는 유쾌한 감정이다. 즐거움은 나를 행복하게 하지만, 즐거움을 추구하면 주위 사람들에게 피해를 줄 수 있다. 즐거울 때 주위를 둘러보고 배려하자.

먼저 다가서라!

연락이 끊어졌던 후배

젊은 시절 회사에서 알게 된 대학교 후배가 있다. 결혼 전이라 같이 밤을 새우면서 줄을 서서, 임대아파트 분양권을 받고 완공 후에 입주하여 같은 아파트 단지에 살면서 거기서 둘 다 모두 신혼 생활까지 하였다. 후배와 나는 그 회사를 그만두고 다른 직장에 있으면서도 계속 연락을 하고 간혹 만나기도 하였다. 한 번은 너무 취해 휴대폰의 최근 연락처를 지운다는 게 모든 연락처를 지우는 대형 사고를 쳤다. 다행히 카톡에 저장이 된 연락처로 일일이 복구하였지만, 후배의 전화번호는 잃어버리고 말았다. 몇 년을 연락이 되지 않았는데 어느 날 후배에게서 전화가 왔다. 다시 연락의 끈은 이어졌고, 그 이후 통화는 여러 번 하였다. 그래도 서로 만나지는 않았다. 만나자고 하면 부담감을 줄 것 같아 미안함에 나도 선뜻 먼저 손을 내밀지 못하였다.

어느 날 문득 외로움이 밀려왔다. 후배가 생각이 났다. 만나서 옛날 얘기를 하면서 시간을 보내고 싶었다. 외로움의 감정 근육 중 '시도'는 소통을 시도하는 것이다. 이때는 감정 근육에 대한 개념은 없었지만, 만나고 싶은 마음이 커서 용기를 내어 전화를 걸었다. 그러자 후배는 아주 쉽게 흔쾌히 응하였다. 그래서 서로 얼굴을 다시 보고, 사진도 찍고, 점심도 같이 먹고 많은 대화를 하고 헤어졌다. 그 이후 인연의 끈을 이어가고 있다.

••• 외로움 •••

감정 근육 : '시도', '포용', '버림', '인정', '긍정'

먼저 다가가서 사람들과의 소통을 시도한다. 그래도 감정이 사라지지 않으면 감정을 그대로 받아들이고, 모든 것을 버리겠다는 마음을 갖는다. 그리고 상황을 인정하고 긍정적으로 다시 본다. 인간은 사회적 동물이다. 사회를 떠나서는 살 수 없다. 초식 동물은 집단 속에 있어야 안전하다. 육식 동물의 경우에도 집단 사냥이 단독 사냥보다 성공률이 높다. 이렇게 집단은 단독보다 경쟁력이 있다. 그래서 인간은 단독으로 오래 있으면 집단으로 빨리 돌아가게 하기 위하여 외로움이라는 불쾌 감정을 느끼도록 진화되었다. 다른 사람이 다가올 때까지 기다리지 말고 먼저 다가서라.

과정 감정은 행위를 하는 과정 자체에서 발생하는 감정이다. 인생은 태어나서 죽을 때까지의 과정을 말한다. 결과가 아니라 과정이다. 그러므로 인생의 행복과 불행을 결정하는데 가장 관련 있는 감정이 과정 감정이다.

과정 감정으로는 '즐거움', '외로움'이 있다. 즐거움은 행위 도중에 발생하는 유쾌한 감정이다. 외로움은 주위에 소통하는 사람이 없으면 발생하는 불쾌한 감정이다.

●●● 즐거움 ●●●

감정 근육은 '관망', '배려'이다. 관망의 자세로 감정을 다스리고 주위를 배려하라. 나의 즐거움으로 피해를 보고 있는 사람이 있을 수 있다.

●●● 외로움 ●●●

감정 근육은 '시도', '포용', '버림', '인정', '긍정'이다. 일단 사람들과의 소통을 시도하라. 그럼에도 불구하고 외로움 감정이 사라지지 않으면 그 감정을 받아들이고, 모든 것을 버리겠다는 각오를 한다. 그리고 상황을 인정하고 긍정적으로 다시 본다.

7

극단으로 치솟는
감정관리하기

분노의 노예가 되기 전에
멀리서 나를 바라보라!

파리 한 마리 때문에 61명 살해

1982년 우 순경 사건이 있다. 파리 한 마리 때문에 61명이 죽은 사건이다. 동거녀와의 사이가 좋지 않았던 우 순경이 야근 후, 집에서 자고 있는데 파리 한 마리가 가슴에 붙었다. 동거녀가 파리가 붙은 가슴을 손바닥으로 치는 바람에 잠에서 불쾌하게 깼다. 잠에서 깬 우 순경은 동거녀와 싸우다가 계속 끓어오르는 분노를 참지 못하여 파출소에서 총을 가져와 그 총으로 마을을 다니면서 무차별하게 사람들을 쐈다. 그 사건으로 무려 61명의 사람들이 죽었다. 우 순경 사건은 총과 같은 화기를 다룰 수 있는 사람이 분노조절장애로 이성을 상실하였을 때, 엄청난 위험을 가져올 수 있다는 것을 알려 준다.

●●● 분노조절장애 ●●●

감정 근육 : '관망'

멀리 떨어져 나를 객관적으로 보는 관망의 자세로 감정을 다스린다. 그리고 내 마음속의 분노를 가만히 지켜보는 것이다. 점점 분노의 크기가 작아질 것이다. 분노조절장애는 사소한 것에도 분노를 하고, 일단 분노하면 걷잡을 수 없을 정도로 분노 행위가 과격해지는 장애로 짜증과 분노의 재귀에 의하여 발생한다. 짜증이 분노를 부르고, 분노가 다시 짜증을 부른다. 이 과정이 반복되면서 감정을 무제한 증폭시킨다. 결국 분노가 폭발하면서 분노의 노예가 된다. 관망의 자세로 감정을 다스려라.

공포가 나를 삼키면
죽기를 각오하라!

이유도 없이 죽을 것 같은 극도의 공포

고등학교 시절에는 공부 이외에는 신경 쓸 일이 없었다. 평소 대인공포가 있었지만 공부에 열중하다 보니, 그것이 큰 문제는 아니었다. 하지만 대학교에서는 공부 이외에 서클활동, 미팅, 친구 관계 등 다양한 사회적 관계에도 신경을 써야 했다. 이것이 항상 심리적 상태를 불안 상태로 만들었다.

어느 날 갑자기 이유도 없이 마치 바로 죽을 것 같은 극도의 공포상태가 찾아왔다. 내 경우의 공황상태는 숨을 쉬기가 어려우면서 세상이 빙빙 돌고 어지럽고 바로 죽을 것 같은 느낌이다. 그 당시에는 이것이 공황장애라는 것을 전혀 몰랐다. 극도로 무서운 이런 황당무계한 감정 상태가 다시 안 오기만을 바라는 것 이외에는 할 수 있는 것이 없었다.

대학 생활 중 몇 번 공황장애가 나타났지만, 그 이후 발생하지 않다가 최근에 다시 발생하였다. 술을 많이 마신 다음 날 등산을 했는데 산에서 내려와 집으로 가기 위하여 차를 운전하는 중에 갑자기 공황 증세가 나타나기 시작하였다. 즉 숨을 쉬지 못할 것 같으면서 세상이 빙빙 도는 느낌이 들기 시작하는 것이었다.

운전 중에 공황상태가 되면 정말 위험하다. 이때, "이제는 죽어도 크게 아쉽지 않은 나이이다."라고 생각하고 "그래 잘못되면 죽지 뭐~"라고 하면서 '결사'를 마음속으로 외쳤다. 그러자 마음이 공황상태로 들어가다가 바로 빠져나오게 되는 신기한 경험을 하게 되었다. 이때 이후로 공황상태의 낌새가 들게 되면 항상 '결사' 감정 근육을 사용한다.

●●● 공황 장애 ●●●

감정 근육 : '결사'

죽기를 각오한다. 공황의 원인은 죽음에 대한 두려움이다. 그러므로 죽기를 각오한다면 죽음에 대한 두려움이 사라지므로 공황상태가 사라진다. 공황 장애는 특히 연예인에게서 많이 발생하다보니, 연예인 병으로 일컬어진다. 연예인은 많은 사람들의 시선을 받는데다가 인기가 생명이라 항상 주위를 의식할 수밖에 없다. 따라서 일반인보다 불안 감정 상태가 많다 보니 공황에 잘 걸리게 된다. 공황은 아무런 이유 없이 죽을 것 같은 극도의 공포를 말하며 불안과 공포의 재귀에 의하여 발생한다. 불안한 감정이 공포를 부르고, 공포가 다시 불안감을 증폭시킨다. 이 과정이 무한대로 반복되면서 공포 감정이 무한대로 증폭된다. 이 상태가 공황이다. 건강한 몸에 건강한 정신이 깃들므로 운동과 병행하여 치료하여야 한다. 육체가 건강해지면 정신도 건강해진다. 운동을 하여 육체가 건강해지면 공황 증세도 많이 호전될 것이다. 그리고 공황의 원인은 죽음에 대한 두려움이므로 죽기를 각오하는 자세로 대범하게 살면 공황은 나를 떠날 것이다.

재귀란 컴퓨터 프로그램 용어로 특정 함수 프로그램이 자기 자신을 불러 실행하는 것을 말한다. 재귀 함수 프로그램이 실행되면, 자기가 자기 자신을 실행하므로 무한 반복을 하게 된다. 조건을 걸어 빠져나오지 않으면 컴퓨터가 다운된다. 껐다가 다시 켜야 한다.

재귀로 인하여 무한대로 증폭되어 극단으로 치솟는 감정을 재귀 감정이라고 정의한다. 재귀 감정으로는 분노조절장애와 공황장애가 있다. 분노조절장애는 짜증과 분노 감정이 서로 다른 감정을 유발하면서 재귀한다. 즉, 짜증이 분노를 유발하고, 분노가 다시 짜증을 유발하면서 계속 무한대로 증폭된다. 공황장애는 불안과 공포 감정이 서로 다른 감정을 유발하면서 재귀한다.

재귀 감정은 아래와 같은 순서로 발생한다.

① A감정이 발생됨.
② A감정이 B감정을 유발함.
③ B감정이 A감정을 증폭시킴.
④ A감정이 B감정을 증폭시킴.
⑤ 3과 4의 과정을 반복하며 무한대로 감정이 증폭됨.

●●● **분노조절장애** ●●●

감정 근육은 '관망'이다. 분노로 가득 찬 나에게 떨어져 나와 멀리서 나를 쳐다보는 관망의 자세로 감정을 다스린다.

●●● **공황장애** ●●●

감정 근육은 '결사'이다. 죽기를 각오하라. 죽음을 두려워하지 않게 되면 공황은 사라진다.

8

—

복합감정관리하기

사람이 무서워!

주지 스님이 준 쪽지

대기업 총무부 김 차장은 대인공포가 있다. 그는 대학을 졸업하고 국내 유수 대기업에 취직하여 차장에 오를 때까지는 많은 사람들 앞에서 발표하는 것이 없어 견딜 만했다. 그러나 차장으로 승진하면서 사람들 앞에서 발표하는 일이 많아짐에 따라 회사 다니는 것이 너무 힘들어졌다. 발표를 앞두면 며칠 전부터 소화도 안 되고, 업무도 집중이 안 되었다. 특히 높은 사람들 앞에서 발표하면 더욱 힘들었다. 결국 김 차장은 그 좋은 대기업에 사표를 제출하였다. 그리고 절에 들어갔다. 절에서 한동안 편안하게 지냈다. 그러던 중 절에서 주지스님이 신도들을 모아놓고 설교를 하는 것을 보게 되었다. 주지스님은 많은 신도들 앞에서 떨지 않으면서 품위 있고, 멋지게 설교를 하는 것이었다.

김 차장은 주지스님에게 자기의 대인공포에 대하여 털어놓고 극복 방법에 대하여 물었다. 그러나 주지스님은 몇 달이 지나도 대답을 하지 않았다. 김 차장은 실망하고 절을 떠나겠다고 주지스님에게 말하였다. 그러자 주지스님은 쪽지를 김 차장에게 주었다. 김 차장은 절을 떠나며 그 쪽지를 읽어 보았다. 그 쪽지의 내용은 "나도 떨려!"였다. 이렇게 모든 사람들은 정도의 차이만 있지 어느 정도 대인공포가 있는 것이다. 너무 대인공포에 대하여 수치스러워하지 말고 살자.

교회에서의 낭독

한 소년이 있었다. 그는 교회를 다니고 있었는데, 그 교회에서 좋아하는 여자아이가 있었다. 그는 어느 예배 보는 날, 앞에 나가서 낭독을 할 일이 생겼다. 많은 교인들이 그를 쳐다봤다. 그중에는 그가 좋아하는 여자아이도 있었다. 많은 사람들 앞에 서니 불안하였다. 더구나 자기가 좋아하는 여자아이가 보고 있다고 생각하니 더욱 불안하였다. 낭독하는 중에 종이를 잡고 있는 손이 떨리기 시작했다. 나중에는 종이가 마구 떨릴 정도로 손이 떨렸다. 소년의 대인공포는 그렇게 시작되었다.

단순 질의응답

한 소년이 있었다. 이 소년의 초등학교 6학년 시절의 어느 봄날이었다. 광장에서 동네 아이들과 같이 축구를 하고 있었다. 그런데 낯선 아저씨가 길을 소년에게 물었다. 소년은 대답을 하였고, 축구를 계속 즐겁게 하였다. 이것으로는 소년의 인생에서 너무나 사소한 그리고 기억조차 남지 않게 되는 수많은 스쳐 지나가는 일들 중의 하나일 뿐이었다. 그러나 이것이 그 이후에 생긴 무엇에 의하여 소년의 인생을 송두리째 어둠과 고통으로 몰아넣는 사건이 되고 말았다. 인생 전체를 어둠의 길로 몰아넣는 엄청난 사건으로 변하게 한 것이 도대체 무엇인가?

즐겁게 아이들과 놀고 집에 들어왔다. 그런데 소년의 형이 비난하였다. 형은 대학교 2학년으로 소년과 8살의 차이가 났다. 소년은 몸이 약하여 친구들에게 주로 맞고 다니는 편이었지만, 형은 힘이 세고, 권투, 태권도, 유도 등을 많이 하여 사람들이 만만히 보지 못하였다. 소년의 아버지는 술을 좋아하고, 간혹 술에 취하여 동네 사람들과 싸웠다. 그러면 아버지를 때린 사람을 형이 찾아가 혼내주는 경우도 있었다. 그래서 형의 말은 소년에게 신뢰와 무게가 있었다. 그러한 형이 소년을 비난한 것이다. "너는 아까 대답하는데, 얼굴이 빨개져가지고 말도 제대로 못하고 그러냐? 창피하게."

소년은 그때 알았다. 답변할 때 얼굴이 빨개져 있었고, 얼굴이 빨개지면 창피한 것이란 것을. 잘못된 정보가 어린 소년에게 심어진 것이다. 그 이후 얼굴이 빨개지면 창피하고 못난 것이므로 사람들을 대면하게 되면 얼굴에만 신경 쓰게 되었다. 그러나 얼굴에 신경을 쓰면서 빨개지지 않으려고 노력하면 할수록, 더욱 얼굴은 빨개졌다. 답이 없는 상황이 되었다. 그 이후, 사람들을 피하고 다녔다. 사람들이 많이 모이는 장소는 더욱 피하였다. 월요일마다 초등학교 운동장에서 전교생이 모여 월요 조회를 하였다. 드넓게 확 트인 운동장에서 많은 사람들에게 빨개진 얼굴을 보이는 것이 너무 수치스러웠다. 결국 월요 조회 때마다 운동장에 못 나가고 창고에 숨었다.

하루는 집에 있는데, 형 친구가 형을 찾았다. 방문을 열고 몸이 완전히 나가서 당당하고 친절하게 인사를 하고 답변을 하여야 하는데, 대인공포로 인하여 얼굴만 쪼끔 내밀고 소심하게 답변을 하였다. 형 친구는 소년의 이런 태도가 불친절한 모습으로 보였을 것이다. 나중에 형이 이것을 가지고 또 비난하였다. 대인공포로 인한 소년의 인생은 항상 외롭고, 직장도 적응을 못하여 계속 옮겨 다니기 일쑤였다. 좋아야 할 일들이 나쁜 일로 변한 것이 너무나 많았다.

대인공포의 원인인 비난을 제공한 형은 20대 초반 대학교 2학년 아이이고 소년은 초등학교 6학년 아이이다. 모두 어린아이들일 뿐이다. 한 어린아이가 한 말이 어떻게 다른 아이의 인생을 좌지우지할 수 있었겠는가? 답을 한다면 "아니다"이다. 다른 요인들이 합쳐서 이루어진 것이다. 그 당시 소년은 지는 것을 무척 싫어하였고 고집이 셌다. 예를 들어 친구들과 딱지치기를 하여 딱지를 모두 잃으면 억울하여 도로 달라고 엉엉 울었다. 정당하게 져서 잃은 것인데도 억지를 부렸다. 그리고 이발을 무척 싫어하였다. 머리카락이 없어지는 변화를 무척 두려워한 것이다.

대인공포가 발생한 원인은 지기 싫어하고, 변화를 두려워한 것이 원인인 것이다. 즉, 소년의 성격이 대인공포를 불러온 것이다. 예를 들면 형은 그저 불이 나는 모든 상황이 만들어져 있는 곳에 성냥불을 던진 것에 불과한 것이다. 지지 않으려면 얼굴이 빨개지지 않아야 되는데, 얼굴이 빨개지지 않는 것은 불가능하므로 질 수밖에 없다. 그런데 지는 것을 인정하고 싶지 않다. 에러가 생기는 것이다. 이 에러가 대인공포증을 만드는 것이다. 이 에러를 막는 방법은 지는 것을 인정하는 것이다. 만약 소년이 지는 것을 인정하는 털털한 성격이었다면 "얼굴 빨개지면 어때!" 하고 퉁! 쳐 버리고 말았을 것이다. 따라서 수치심 자체가 생기지 않으므로 대인공포도 생기지 않았을 것이다.

결혼식 주례

어떤 사람이 중소기업을 운영하였는데, 직원 중 한 사람이 결혼하게 되었다. 그런데 직원이 결혼식 주례를 이 사람에게 의뢰한 것이다. 직원 입장에서는 사장에게 본인 결혼식 주례를 의뢰한 것이다. 사장은 다급했다. 승낙은 했지만 많은 사람들 앞에서 결혼식 주례를 하는 것이 무척 부담되었다. 주례 연습을 하기 위하여 사장은 스피치 학원에 등록했다. 나는 스피치 학원에서 사장을 만났다. 사장에게 결혼식 주례를 진행하면서 떨리게 되면, 마음속으로 '사랑'이라는 단어를 두 번 외쳐보라고 조언을 주었다. 사장은 성공적으로 주례를 마칠 수 있었고, 고맙다고 나에게 저녁 식사 대접까지 하였다. '사랑' 단어는 청중을 공포의 대상에서 사랑의 대상으로 바꾸는 감정 근육이다.

고릴라

고릴라에게 거울을 보여주면, 자기 얼굴을 한 번도 보지 못했기 때문에, 거울 속의 자기 자신을 적으로 보고 폭력적이 되어 거울을 친다. 고릴라는 자기 모습 자체를 모르기 때문에 타 고릴라가 자기의 모습에 대하여 어떻게 생각할까도 생각하지 않는다. 그러나 침팬지는 거울 앞에서 한참 자기 모습을 보기도 하고, 얼굴 근육을 움직이기도 한다. 침팬지는 자기 인식 능력이 있는 것이다. 자기 인식 능력에 수치 감정이 더해지면 대인공포의 발생요건이 된다.

••• 대인공포 •••

구성 감정 : 수치, 미안, 조급, 공포, 불안

감정 근육 : '포용', '사랑', '즐김', '칭찬', '인정', '공감'

불쾌감을 받아들이고 상대를 사랑하며 현재 상황을 즐긴다. 그리고 상대를 칭찬하고 나의 못남을 인정하며 상대와 공감한다. 어려운 사람 또는 많은 사람들 앞에 서면 누구나 공포 감정이 생긴다. 공포로 인하여 다양한 증상들이 생겨난다. 증상들은 예를 들면, 얼굴 빨개짐, 손이 떨림, 목소리 떨림, 두뇌의 백지 현상, 말더듬기 등 다양하다. 보통 사람들은 이 증상에 대하여 신경 쓰지 않고 대인관계를 수행한다. 그러나 대인공포를 가진 사람들은 이 증상을 수치스러워한다. 대인공포는 수치에 미안, 조급, 공포, 불안 감정이 합쳐 발생한다. 대인공포를 가진 사람들은 이런 여러 감정에 대한 처리를 추가로 진행하므로 대인관계를 원활히 수행하는 데 많은 어려움을 겪는다. 이 감정에 대한 대처로는 특히 포용하는 자세가 중요하다.

너는 나에게
모욕감을 주었어!

달콤한 인생(A Bittersweet Life, 2005)

주인공은 본인이 몸담고 있던 폭력단체 두목의 여자를 보호하고 감시하는 명령을 받아 수행 중이었다. 두목은 자기 여자가 다른 남자를 만나고 다니는 낌새를 느꼈다. 그래서 만약 다른 남자를 만나는 현장을 보면 처치하라고 지시하였다. 그러나 주인공은 만남의 현장을 보게 되지만 지시를 따르지 않았다. 그다음부터 주인공은 조직의 쓴맛을 보게 된다. 조직에 붙잡혀 무수한 폭행을 당하고 죽을 고비를 넘기다가 주인공은 마침내 두목을 죽일 수 있게 된다. 마지막으로 주인공이 나에게 왜 그랬냐고 두목에 묻자 두목이 대답한다. "너는 나에게 모욕감을 주었어!"

이 영화에서는 모욕감이 영화의 핵심이다. 실제 인생에서도 모욕감은 두고두고 잊지 못하는 쓰라린 경험이 된다. 남들에게 모욕감을 주어서도 안 되겠지만, 내가 받았을 때는 그 감정에서 벗어날 수 있는 멘탈을 키워야 한다. 멘탈을 키우는 방법은 감정 근육을 단련하는 것이다.

••• 모욕감 •••

구성 감정 : 분노, 수치

감정 근육 : '관망', '시도', '포용', '버림'

멀리서 나를 쳐다보는 자세로 감정을 다스린 후, 호소를 시도한다. 상황이 개선되지 않더라도 불쾌감을 받아들이며 모든 것을 버리겠다는 생각으로 감정을 다스린다. 모욕감은 깔보고 업신여김을 당하는 느낌이다. 나 자신이 스스로 못났음을 느끼는 것은 자괴감이다. 그러나 모욕감은 나는 내 자신이 못났다고 느끼지 않는데, 타인이 나를 그렇게 몰아갈 때 느끼는 감정이다. 그러므로 분노와 수치가 동시에 생긴다. 일단, 관망의 자세로 상황을 포용하는 자세가 중요하다.

억울해도 지구는 돈다!

야한 책을 본다며 체벌 받고 자살한 학생

자습시간에 소설책을 읽은 학생에게 '야한 책'을 본다며 체벌한 교사에게 징역형이 선고됐다. 수치심을 느낀 학생은 교내에서 투신해 스스로 목숨을 끊었다. 교사 A씨는 지난해 3월 25일 수업 도중 자율학습을 지시했다. 이때 B군이 소설책을 읽자 "야한 책을 읽는다."는 이유로 20분간 엎드려뻗쳐 등 체벌을 한 혐의로 기소됐다. B군은 "야한 책이 아니다."라며 여러 차례 해명했지만, A씨는 다른 학생에게 선정적인 부분을 찾아 읽도록 지시하기도 했다. 당시 B군이 읽은 책은 중고교생이 흔하게 접하는 이른바 '라이트 노벨'이라 불리는 장르의 대중 소설이었다. 교사 A씨는 평소 B군이 존경하던 교사였다. 수치심을 느낀 B군은 다음 체육 수업 시간에 홀로 교실에 남아 '무시 받았다'는 등의 내용이 포함된 유서를 남긴 채 학교 5층에서 투신해 스스로 목숨을 끊었다. 이상은 뉴스 내용의 일부분이다.

이 뉴스에서 목숨을 끊은 학생의 입장에서 보자. 학생은 많은 친구들 앞에서 야한 책을 읽는 것으로 비난을 받았다. 자율학습 시간에 소설책을 읽은 것도 잘못이지만 그 책이 야한 책이라면 더 큰 잘못이다. 그러나 학생이 읽은 책은 일반 대중 소설로서 야한 책은 아니다. 그러므로 학생 입장에서는 억울하였을 것이다. 더구나 체벌을 준 교사는 평소 존경하던 교사였다. 여기에 모욕감이 더해진 것이다. 이 두 감정을 견딜 수 없어 자살을 선택한 것이다. 그러나 사람이 살다보면 이보다 더한 일도 얼마든지 생길 수 있다. 그러한 때마다 자살을 선택한다면 이 세상에 살 수 있는 사람은 얼마 없을 것이다. 아무리 힘든 일을 당해도 그것을 견딜 수 있는 멘탈을 키워야 한다. 멘탈을 키우는 방법은 감정 근육을 단련하는 것이다.

입주민에게 폭행, 협박당한 아파트 경비원 극단적 선택

50대 아파트 경비원이 자신의 집 주변에서 숨진 채 발견됐다. 경비원은 자신이 억울하다는 취지의 유서를 남겼다. 경비원은 지난달 아파트 단지 내 주차 문제로 50대 주민의 차를 움직이다 그와 시비가 붙었다. 주민은 경비원을 폭행한 뒤 관리사무소로 끌고 가 경비 일을 그만두라고 협박했다. 주민은 또한 지난달 경비원을 CCTV가 촬영되지 않는, 경비초소 안에 있는 화장실로 끌고 가 여러 차례 폭행했다. 경비원은 결국 주민을 상해 혐의로 경찰에 고소했다. 하지만 경비원은 고소인 조사를 받기 전에 숨졌다. 이상은 뉴스 내용의 요약이다. 경비원이 아무리 억울하여도 자기 목숨을 끊는 것은 정답이 아니다. 평소 감정 근육을 단련하여 어떤 시련에도 견딜 수 있어야 할 것이다.

너네 족속은

저자의 중학생 시절 이야기다. 저자의 부모 집에 저자 가족과 더불어 세 들어 살던 가족이 있었다. 부부와 아들로 이루어진 3인 가족이었다. 저자는 신석기, 구석기 시대에 살던 사람들에게 족속이라고 표현하는 내용을 학교에서 배웠다. 족속이라는 단어가 욕 같았지만, 학교에서 배웠으므로 욕이 아니라고 확신하였던 나는 세든 가족의 자식 중 한 명에게 족속이라는 말을 집어넣어 비난하였다. "너네 족속은… " 이렇게 표현한 것이다. 이 표현을 그 가족의 아저씨가 들었다. 평소 마음이 너그러우신 분이셨는데 이 말을 듣고는 중학생이던 저자에게 처음으로 화를 내시며 저자를 나무라셨다. 나는 충격이 너무 컸다. 그렇게 마음씨 좋으신 분이 나에게 화를 낸 것이다. 통상적으로 족속이라는 말은 욕을 할 때 쓰는 말이지만 저자는 울면서 족속은 욕이 아니라고 우겼다. 아저씨도 당황하셨던 것 같다. 어쨌든 그 기억이 아직도 생생한 것을 보면, 나의 인생에서 큰 사건이었음에 틀림없다. 저자가 울면서 항변할 때의 감정이 억울함이다. 억울함을 자살로 대항하는 사람도 있다. 멘탈이 약한 사람이다. 감정 근육을 단련하여 멘탈을 키우자.

●●● 억울함 ●●●

구성 감정 : 분노, 슬픔

감정 근육 : '관망', '시도', '포용', '버림'

멀리서 나를 쳐다보는 자세로 감정을 다스리고 호소를 시도한다. 해결이 되지 않아도 불쾌감을 받아들이며 모든 것을 버리겠다는 생각을 가진다. 억울함은 내가 잘못하지 않았는데 다른 사람들은 내가 잘못하였다고 여길 때 가지는 감정이다. 아무리 내가 해명하여도 사람들은 믿지 않는다. 그래도 지구는 돌고 내일 해는 뜬다. 내가 스스로 나의 배를 째서 보여주어 보았자 나만 손해이다. 냉철할 필요가 있다. 관망의 자세로 감정을 다스리고 차분히 나를 해명한다. 남들이 믿지 않는다면 운명이라 생각하고 포용하고 받아들여라. 그리고 내일을 기약하자. 의외로 앞으로 좋은 일이 생길 수도 있다.

우울할 때!

사람이 관심을 두지 않는 평범한 얼굴이 소원

미국에서 있었던 일이다. 한 미모의 젊은 여성이 사랑에 빠졌다. 그런데 갑작스럽게 몸이 아프며 우울증이 찾아왔고 그 와중에 남자친구와 이별을 하게 되었다. 여성은 총으로 자기의 얼굴을 쏴서 자살을 시도하였고 구조되어 치료를 받았지만, 얼굴은 흉측해져 버렸다. 수술을 거듭하여 조금 나아졌지만, 정상인의 얼굴과는 거리가 멀었다. 지금 그녀의 소원은 길을 가다가 지나치는 모르는 사람들이 자기에게 관심을 두지 않는 평범한 얼굴을 가지는 것이다.

이렇게 슬픔을 극복하지 못하여 자살을 시도함으로써 시도 전보다 훨씬 불행한 삶을 살게 된 것이다. 이별의 상황을 인정하고, '긍정' 감정 근육을 사용하여 자기의 젊음과 미모를 생각하였다면 자살과 같은 극단적 선택을 피하였을 것이다.

계약 해지
....

나는 아파트 관리사무소 관리과장, 관리소장을 거쳐 지금은 전기안전 관리 대행회사에서 전기안전점검 일을 하고 있다. 봉급은 관리소장보다는 적지만 그만큼 시간적으로 여유가 있어 직업을 바꾼 것에 만족하고 있다. 그런데 한 곳에서 계약해지를 할 것 같은 뉘앙스의 전화를 받았다. 하루 종일 우울했다.

다음 날, 지인의 딸 결혼식에 참석하게 되었다. 지인은 아파트 관리사무소 관리과장으로 일하고 있다. 결혼식장에서 이전에 안면이 있는 다른 과장들을 다수 보게 되었다. 그들도 그들 나름대로의 어려움이 있었다. 물론 내가 이전에 다 경험한, 익히 알고 있었던 어려움들이다. 그들의 어려움을 듣고 있다 보니 상대적으로 나는 행복하였다. 특히 시간적 여유로움에서는 내가 그들보다 훨씬 많았다. 그들과 이야기를 나누다 보니, 우울함이 많이 사라졌다.

지금 현재의 나의 모습과 바로 전의 나의 모습을 비교하면 우울해진다. 즉, 계약해지의 말을 듣기 전과 후를 비교하면 우울할 수밖에 없다. 그러나 훨씬 예전 나의 모습과 비교하면 또 달라진다. 훨씬 예전 나의 모습인 아파트 관리과장 시절을 생각하니, 그래도 현재가 나은 것이다. '긍정'을 선택하여 우울함을 해소한 것이다.

구성 감정 : 나태, 슬픔

감정 근육 : '시도', '포용', '버림', '인정', '긍정'

소통할 사람들과의 만남, 취미활동, 운동 등의 시도를 한다. 불쾌감을 받아들이고 모든 것을 버리겠다는 심정으로 감정을 다스린다. 그리고 상황을 인정하고, 긍정적으로 다시 본다. 이 세상에 나는 유일하다. 내가 아무리 못나도 아무리 잘못되어도 나는 나다. 이 유일한 내가 소중하지 않으면 그 누가 소중하겠는가? 긍정으로 세상을 다시 보자. 우울증은 '나태', '슬픔' 2개의 감정이 합쳐져서 발생하는 병이다. 건강한 몸에 건강한 정신이 깃들므로 운동과 병행하여 치료한다. 운동을 하면 도파민이라고 하는 신경전달물질이 나와 우울증 치료에 도움을 준다. 바쁠 때는 우울할 여력이 생기지 않는다. 못사는 나라가 오히려 행복지수가 높은 경우가 많다. 먹고 살기 바쁘다 보니, 우울할 시간이 없는 것이다. 자살률이 높은 나라들은 주로 잘사는 나라이다. 삶의 여유가 있어, 시간이 많다 보니, 나태함이 생기고, 여기에 슬픔이 추가되어 우울증이 생기는 것이다. 우울해지면 일단 우울함을 탈출하기 위한 시도를 하라. 그래도 계속 우울하면 받아들여라.

이 지겨운 일을
언제 다 끝내나!

지겨운 일들

  퇴근하고 집에 들어와 식사하고 양치질을 한다. 위와 아래 이 모두를 골고루 10회씩 양치질을 한다. 항상 그렇지만 양치질이 지겹다. 우리 집은 맞벌이다. 요즘 저녁을 먹으면 설거지는 보통 내가 한다. 설거지도 지겨운 일이다. 이외에도 지겨운 것은 많이 있다. 피곤해지면 목욕도 지겹고, 목욕 후 수건으로 몸의 물기를 닦는 것도 지겹다. 생업으로 건물, 공장, 아파트 공사 현장 등의 전기시설의 안전 점검을 하고 있다. 하루에 다섯, 여섯 곳 정도를 점검하는데 매 점검마다 장소만 다를 뿐이지 하는 일은 거의 같다. 간혹 점검을 하면서 아주 춥거나, 더울 때, 몸의 컨디션이 안 좋을 때는 "마지막 곳까지 이 지겨운 일을 언제 다 끝내나~" 이런 생각을 하게 된다. 지겨움의 감정 근육은 '윈윈', '즐김'이다. 하나하나 집중하면서 그것을 즐기다 보면, 지겨운 일이 어느새 끝나게 된다.

• • • 지겨움 • • •

구성 감정 : 부담, 조급

감정 근육 : '윈윈', '즐김'

하나하나 즐긴다. 부담감에 조급함이 더해진 감정이다. 설거지 등 단순 지루한 일을 할 때 지겨움을 느낀다. 빨리 끝내고 싶지만, 할 일의 양은 많다. 그렇다고 어려운 일이 아니다. 단순하지만 지겹다. 즐기다보면 어느새 일이 끝날 것이다.

압박감이 밀려올 때!

밀어붙이는 덤프트럭

국도에서 소형차로 정상적인 속도로 운전하고 있었다. 그런데 대형 덤프트럭이 바짝 쫓아오면서 빨리 가라고 위협하였다. 이때 빨리 가게 되면 속도위반에 걸릴 수도 있으며 굳이 빨리 갈 필요도 없다. 그러나 뒤의 트럭으로 인하여 압박감이 밀려온다. 이번에는 한적한 도로에서 편안한 드라이브를 즐기는데 어떤 사람이 굉음을 내며 모터보드를 타고 바짝 쫓아 왔다. 역시 압박감이 밀려온다. 내가 뒤의 이 사람들을 어찌할 수가 있는 것은 아니다. 즉 뒤의 사람들을 공격할 수 없는, 어찌 보면 뒤의 사람들에게 나는 무기력한 상황이다. 그렇다고 뒤의 사람들도 나를 공격할 가능성은 별로 없다. 내 마음만 불편할 뿐이다. 이때 '결사' 감정 근육으로 죽기를 각오함으로써 공포를 이겨내고, '인내' 감정 근육을 사용하여 불편한 상황을 견딘다. 뒤의 차가 알아서 추월할 것이다.

> **••• 압박감 •••**
>
> 구성 감정 : 공포, 불편
>
> 감정 근육 : '결사', '인내'
>
> 죽기를 각오한다. 그리고 인내한다. 압박감이 내 가슴을 짓누르고 있다. 압박감은 공포와 불편이 합친 감정이다. 죽기를 각오하고 인내하라.

무기력감을 맛볼 때!

독재자

나라가 독재자에 의하여 휘둘리면서 이상한 길로 가고 있을 때, 개인이 독재타도를 외치면 큰 위험에 직면할 것이다. 공포가 밀려온다. 그대로 두자니, 분노가 밀려온다. 어떻게 해 볼 도리가 없다. 회사에서 불법적인 것을 알면서 직장 상사의 지시를 따라야 한다. 하지 않으면 직장을 그만두어야 하고, 하면 불법이다. 전철에서 깡패같이 생기고 덩치가 큰 쩍벌남 옆에 앉은 경우, 힘세고 사나운 부하가 근무를 불성실하게 하는 경우 등 무기력함을 느낄 경우들이 있다. 이때, 어떻게 이 상황을 헤쳐나가야 할까?

우리들의 일그러진 영웅

주인공인 병태가 석대에게 굴복하는 장면이 있다. 서울에서 시골로 전학 온 주인공 병태는 석대의 독재에 계속 대항하지만 번번이 실패한다. 어느 날 청소당번이 된 병태가 청소 후에 석대에게 판정을 받아야 하는 일이 생겼다. 다른 아이들은 흠이 있어도 합격시켜주고 귀가시키던 석대가 병태에게만은 아무리 깨끗이 창문을 닦아도 합격시켜주지 않는 것이다. 병태는 마침내 눈물을 흘리고 만다. 이 눈물을 본 석대는 "한병태 합격"이라고 말을 하면서 회심의 미소를 짓는다. 눈물에서 병태의 무기력감을 인지한 석대는 승리감으로 회심의 미소를 지은 것이다. 이것은 소설 이야기이지만, 실제 살다보면 무기력감을 맛보는 경우가 생길 수 있다. 병태와 같이 무기력함을 느낄 경우, 어떻게 처신을 어떻게 하여야 할까?

●●● 무기력감 ●●●

구성 감정 : 공포, 분노

감정 근육 : '결사', '관망', '시도'

죽기를 각오함으로써 용기를 내고, 관망의 자세로 분노 감정을 다스린 후, 잘못된 점을 바로잡는 시도를 한다. 분노의 시도는 일반적으로 호소를 사용한다. 대항이 불가능한 자에게 피해를 입는 경우는 공포와 분노 감정이 동시에 발생된다. 억울하여 분노가 치솟는데도 대항하기에 내가 너무 약하다. 내 자신이 무기력함을 느낀다. 죽기를 각오하고 관망의 자세로 호소를 시도하라.

경악!

한강 투신 시도

택시가 한 청년을 태우고 한강 다리를 지나가고 있었다. 청년은 오는 중에 눈물을 흘리며 펑펑 울었다. 다리에서 택시가 속도를 줄이자 청년은 문을 열고 나가더니 난간을 향하여 뛰었다. 택시기사는 순간적으로 청년이 한강에 투신하려고 하는 것을 알았다. 기사는 바로 차문을 열고 나가 난간에서 다리 밖으로 몸을 넘기고 있는 청년을 붙잡았다. 실랑이 중에 팔에 힘이 빠지는 상황에서 다행히 지나가던 다른 운전자의 도움을 받아 간신히 청년을 다리로 다시 끌어올렸다. 청년은 지체장애를 앓고 있는 어머니와 단 둘이 살고 있었고, 생활고와 불우한 가정환경을 비관해 자살을 결심한 것으로 추정된다. 이상은 뉴스 내용이다.

택시기사의 행동이 한 사람을 살린 것이다. 자살하기 위하여 뛰어가는 청년을 보며 기사는 경악하였을 것이다. 경악 감정의 감정 근육은 '결사', '시도'이다. 택시기사는 자기도 같이 강에 떨어질 수도 있는 상황에서 죽기를 각오하고 청년을 구한 것이다.

••• 경악 •••

구성 감정 : 놀람, 공포

감정 근육 : '결사', '시도'

죽기를 각오함으로써 용기를 내고, 잘못된 점을 바로잡는 시도를 한다. 놀람과 공포 감정의 합으로서 예상하지 못한 큰 무서운 상황에 갑자기 부딪칠 때 발생한다. 죽기를 각오하고 시도를 하라.

사이비 교주!

옴진리교

옴진리교는 1984년 생성된 일본의 신흥종교단체로, 1995년 3월 20일 도쿄 지하철에 사린가스를 살포하는 테러를 저지르면서 널리 알려졌다. 시각장애인학교 출신의 아사하라 쇼코(麻原彰, 본명은 마츠모토 치즈오)가 1984년 요가를 수행하는 도장(옴신선회)을 도쿄의 번화가인 시부야에 개설하면서 출발한 신흥종교다. 1987년 옴진리교로 개칭한 아사하라는 1989년 도쿄지사로부터 종교법인으로 인가받은 뒤 '산바라화 계획'으로 불리는 일종의 통일국가 건설계획을 내세웠다. '일본의 왕이 돼 세상을 지배하겠다'는 아사하라 교주의 교의를 실행하기 위해 종말론적 신앙론을 펼친 옴진리교는 초능력, 요가, 종말사상 등을 앞세워 청년층을 중심으로 교세를 확대해 나갔다.

옴진리교는 1990년 진리당을 만들어 총선에 나섰으나 교주 이하 25명이 전원 낙선했고, 이를 계기로 과격화의 길을 걷게 되었다고 알려져 있다. 기존의 제도로 불가능하다면 살인을 통해서라도 체제 개혁을 이뤄야 한다는 주장이 대두되면서, 이후 독가스 살포와 살해 등의 범죄를 자행하기 시작했다. 옴진리교와 같은 사이비 신앙에 빠지면 그동안 쌓아온 자기의 모든 것을 다 잃게 된다. 빠져나와야 한다. 사이비 신앙에 빠지는 것은 '경외' 감정 때문이다. 감정 근육으로 사이비의 늪에서 빠져나오자.

구성 감정 : 존경, 공포

감정 근육 : '버림', '결사', '시도'

모든 것을 버리겠다는 각오로 마음을 비운다. 그리고 죽기를 각오함으로써 용기를 내고, 합리적, 이성적 결정을 선택하는 시도를 한다. 경외 감정은 공포와 존경 감정이 합친 감정이다. 기독교에서는 하나님이 경외의 대상이다. 그러나 하나님이 아닌 교주를 신봉하는 사이비 집단도 있다. 신도들은 이때, 교주에 대한 경외 감정을 잘 다스려 사이비 신앙에서 빠져나와야 한다. 모든 것을 버리겠다는 각오로 죽기를 각오하고 시도하라.

복합 감정은 여러 개의 감정이 합쳐 이루어진 감정이다. 복합 감정에는 대인공포, 모욕감, 억울함, 우울증, 지겨움, 압박감, 무기력감, 경악, 경외 감정 등이 있다. 복합 감정을 구성하는 여러 감정들의 각 감정 근육들 중에서 필요 감정 근육을 추출하여 합치면 해당 복합 감정의 감정 근육이 된다.

●●● 대인공포 ●●●

수치, 미안, 조급, 공포, 불안 감정이 합친 감정으로 감정 근육은 '포용', '사랑', '즐김', '칭찬', '인정', '공감'이다. 불편한 감정을 포용하고, 상대를 사랑하며 불편한 상황을 즐긴다. 그리고 상대를 칭찬하고, 나의 못난 부분을 인정하고 받아들이며 상대와 공감한다.

●●● 모욕감 ●●●

분노, 수치 감정이 합친 감정으로 감정 근육은 '관망', '시도', '포용', '버림'이다. 관망의 자세로 감정을 다스리고, 호소 등을 시도한다. 남아 있는 불편한 감정을 포용하고 모든 것을 버리겠다는 마음을 가진다.

••• 억울함 •••

분노, 슬픔 감정이 합친 감정으로 감정 근육은 '관망', '시도', '포용', '버림'이다. 관망의 자세로 감정을 다스리고, 호소 등을 시도한다. 남아 있는 불편한 감정을 포용하고 모든 것을 버리겠다는 마음을 가진다.

••• 우울증 •••

나태, 슬픔 감정이 합친 감정으로 감정 근육은 '시도', '포용', '버림', '인정', '긍정'이다. 일단 사람들과의 소통을 시도한다. 남아있는 우울함 감정을 받아들인다. 그리고 모든 것을 버리겠다는 마음을 가지고 상황을 인정하고, 긍정적으로 다시 본다.

••• 지겨움 •••

부담, 조급 감정이 합친 감정으로 감정 근육은 '원원', '즐김'이다. 하나 하나 처리하며 즐긴다. 지겨운 일이 어느새 끝났을 것이다.

••• 압박감 •••

공포, 불편 감정이 합친 감정으로 감정 근육은 '결사', '인내'이다. 죽기를 각오하고 인내한다.

••• 무기력감 •••

공포, 분노 감정이 합친 감정으로 감정 근육은 '결사', '관망', '시도'이다. 죽기를 각오함으로 공포를 떨쳐 내고, 관망의 자세로 분노를 가라앉힌 후, 호소 등을 시도한다.

••• 경악 •••

놀람, 공포 감정이 합친 감정으로 감정 근육은 '결사', '시도'이다. 죽기를 각오하고 상황의 해결을 시도한다.

••• 경외 •••

존경, 공포 감정이 합친 감정으로 감정 근육은 '버림', '결사', '시도'이다. 모든 것을 버리겠다는 마음으로 감정을 다스리고 죽기를 각오하고 사이비 신앙에서의 벗어남을 시도한다.

생각을 바꾸면 감정이 바뀐다.
감정 근육은 감정관리를 위한 생각이다.

제3장

마법의 주문

감정 근육

해보기나 했어!

맹구의 기도

맹구는 매일 기도를 하였다. "하나님! 복권 1등에 당첨되게 해 주세요
~." 몇 달을 하루도 빼먹지 않고 하루 온종일 열심히 기도를 하였다. 그
러나 맹구에게 기적은 일어나지 않았다. 결국 맹구는 너무나 기진맥진
해서 죽기 일보 직전이 되었고, 죽어가면서도 기도를 하였다. "하나님~
제~발." 그런데 갑자기 하늘에서 음성이 들려왔다. "맹구야~ 너의 기도
가 나를 감동시켰노라~. 그런데 제~발 제~발 복권을 사란 말이다~."

이 유머에서도 얻을 것이 있다. 기도를 하더라도 자기가 할 것은 해놓
고 기도를 하여야 한다는 것이다. 아무것도 하지 않고 누워서 입에 떡
을 넣어 주기를 바라지 말라. '시도' 감정 근육은 상황마다 적절한 행위
를 시도하는 것을 말한다. 상황마다 자기가 할 행위는 시도해 놓고 결
과는 하늘에 맡기는 것이다.

현대그룹 정주영 회장

무일푼, 무학력으로 현대그룹을 만들어낸 고 정주영 회장의 경영철학
이 녹아 있는 유명한 말이 있다. "해보기나 했어!"이다. 임원들과 힘든
신사업 추진을 위한 회의를 하다가 임원들이 갖은 이유를 대며 불가함

을 이야기할 때, 회장이 임원들에게 묻는 말이다. 이런 뚝심으로 많은 기적과 같은 일들을 이루어내며 현대그룹을 만들어낸 것이다. 감정 근육으로서의 '시도'는 정주영 회장의 말과 같이 피하지 말고, 직접 부딪쳐서 뜻하는 무언가를 도모하라는 말이다. 편안함이나 나태함으로 인하여 변화를 꺼려 하는 경우에 특히 적용할 수 있는 감정 근육이다.

도로에 뿌려진 쇳조각

어느덧 세월은 흘러 소연이가 낳은 아기가 벌써 서당을 다니게 되었다. 아기의 이름은 이창운이었다.

창운의 나이는 13세가 되었다. 일찍 서당을 가기 위하여 집을 나왔다. 서당을 가는 길은 제법 넓은 도로로 마차들도 많이 다니는 길이었다. 그런데 길에 날카로운 쇳조각이 무수히 뿌려져 있었다. 마차를 끄는 말들과 사람들이 다치면서 큰 사고로도 이어질 수 있었다. 창운은 속으로 생각하였다.

'그냥 못 본 척 무시하고 편안히 서당을 가자.'

'아니야! 이제 곧 해가 뜨면 많은 사람이 다니고 마차도 다닐 텐데 사람들이 다치면 얼마나 아플까.'

'그래 신고하고 가자.'

관가에 신고하려면 먼 거리를 가야 하고, 관가에 들어가서 상황을 설명하여야 하는 등 귀찮은 일들을 하여야 한다. 모른 척 그냥 가면 편안하다. 편안함의 감정 근육은 '시도'이다. 편안할 때, 여러 가지 시도를 하여야 한다. 창운은 불편함을 무릅쓰고 관가에 신고하였다. 신고를 받은 관가는 바로 관원을 보내 떨어져 있던 쇳조각들을 치웠다. 덕분에 사람들이 다칠 위험이 사라졌다. 이른 아침에 집을 나섰지만, 이 일로 인하여 지각하게 되었다. 그러나 자초지종을 들은 스승님은 오히려 창운을 칭찬하였다.

●●● **시도** ●●●

각 감정별로 감정 근육 '시도'의 의미는 다르다. 공포 감정에 피하고 도망만 다닌다면 인생은 실패한다. "공격이 최선의 방어이다"라는 말이 있듯이, 나의 생명이 위태로울 때에는 상대를 공격하는 시도도 할 수 있어야 한다. 내가 극복하기 어려운 너무 큰 불편은 주위에 도움을 요청하는 시도도 하여야 한다. 이유 없는 핍박을 당하게 되면 분노 감정이 생긴다. 상대의 핍박으로 내가 너무 힘들다고 표현하는 호소를 시도할 줄 알아야 한다. '편안', '나태' 감정의 시도는 새로운 일 등의 시도이다. '불안' 감정의 시도는 불안한 것 중에서 실제로 닥칠 수 있는 것을 찾아 준비하는 것을 말한다.

공포 : '결사', '시도'
분노 : '관망', '버림', '인정', '시도'
편안 : '시도'
나태 : '시도'
짜증 : '관망', '포용', '시도'
불편 : '인내', '시도'
불안 : '결사', '버림', '인정', '시도'
미안 : '시도', '인정', '사랑', '배려'
외로움 : '시도', '포용', '버림', '인정', '긍정'
모욕감 : '관망', '시도', '포용', '버림'
억울함 : '관망', '시도', '포용', '버림'
우울증 : '시도', '포용', '버림', '인정', '긍정'
무기력감 : '결사', '관망', '시도'
경악 : '결사', '시도'
경외 : '버림', '결사', '시도'

아무 조건 없이
먼저 줘라!

무재칠시

불교의 무재칠시는 재산이 없어도 줄 수 있는 7가지 배려로서 다음과
같다.

> **안시** : 부드러운 눈빛 주기
> **화안시** : 밝게 웃어주기
> **언시** : 좋은 말을 해주기
> **신시** : 행동으로 도와주기
> **심시** : 따뜻한 마음을 주기
> **좌시** : 자리를 내어주기
> **찰시** : 미리 헤아려주기

미인대칭

'미인대칭'이란 말이 있다. "미소, 인사, 대화, 칭찬"의 준말로서 인간
관계를 잘하기 위한 방법이다. 미소 짓고 인사하고 대화하고, 칭찬한다.
미소는 무재칠시 중에서 화안시에 해당하고, 인사, 대화, 칭찬은 언시에
해당한다. 미인대칭 전략은 모두 무재칠시에 해당하기 때문에 돈이 들
지 않는 저비용 고효율 인간관계 전략이다.

치아는 오복 중의 하나다

오복은 유교 경전 서경에 나오는 말로 '수', '부', '강녕', '유호덕', '고종명'이다. '수'는 장수를 의미하고, '부'는 부유함을 의미하고, '강녕'은 몸과 정신의 건강을 의미하고, '유호덕'은 덕을 좋아함을 의미하고, '고종명'은 "천명을 다 산다."를 의미한다. 치아 건강도 오복의 하나인 '강녕'의 일부분에 해당한다. 오복 중에서 '유호덕'이 있다. 덕을 좋아하여 남들에게 덕을 베푸는 것이다. 덕을 베푸는 것은 남을 배려하는 것이다. 그러므로 배려를 잘하는 사람도 건강한 치아를 가진 사람과 같이 오복 중의 하나가 있는 것이라고 할 수 있다.

군대에서 찬물로 세탁

예전의 군대 이야기다. 새로 전입 온 신병이 세탁 팀에 배정되어 겨울철에 찬물로 세탁을 하고 있었다. 소대장이 지나가다가 그것을 보더니 "따뜻한 물로 하지." 하고 관심만 표시하고 지나갔다. 군인은 막사로 돌아가 따뜻한 물을 가져가려고 준비하였다. 그러자 고참이 그것을 보더니 군기가 빠졌다면서 야단을 쳤다. 다음 날 선임 하사가 같은 장면을 보더니 이번에는 자기가 세수를 하여야 한다면서 온수를 떠오라고 시켰다. 이번에는 선임하사의 심부름이므로 별문제 없이 온수를 떠왔다. 그러자 선임하사는 이 물로 빨래를 하기에는 적지만, 시린 손을 데우는 데에는 충분하다고 하면서 갔다. 이것을 보면, 받는 사람의 입장에서 하는 배려야말로 진정한 배려임을 알 수 있다.

••• 배려 •••

감정 근육 '배려'는 남에게 베푸는 것을 말한다. 살다 보면 어떤 사람들은 항상 베풀기만 하고, 어떤 사람들은 항상 받기만 한다. 일반적으로 받는 사람들보다 베푸는 사람들이 더 잘 산다. 우리는 살아가면서 만나는 모든 사람들에게 베풀 수는 없다. 베풂은 서로 주고받는 거래 성격을 띤다. 그래서 사람들은 내가 준 만큼 받을 수 있는 가능성을 보고 베푼다. 그런데 받은 다음에 줄 것인가? 아니면 먼저 줄 것인가? 둘 중에서 선택하자면 후자를 선택하여야 할 것이다. 아무 조건 없이 주고, 받은 사람들이 나에게 되돌려 주면 좋고, 안 주어도 그만인 그런 베풂을 주자. 아이가 커서 어른이 되면 사랑을 받고 자란 아이는 남들에게 사랑을 베풀 줄 안다고 한다. 사랑은 받은 만큼 주는 것이다. 많은 사랑을 받은 아이는 많이 줄 것이고, 적게 받은 아이는 적게 줄 것이다. 자식이 남에게 사랑을 많이 베푸는 사람이 되도록 하려면 자식들에게 많은 사랑을 베풀어야 한다.

감사 : '언시', '배려'

무시 : '언시', '공감', '배려'

멸시, 측은, 실망, 고소 : '인정', '긍정', '공감', '배려'

자존, 자부, 명예, 기쁨 : '감사', '언시', '배려'

사랑 : '언시', '공감', '배려'

미안 : '시도', '인정', '사랑', '배려'

즐거움 : '관망', '배려'

칭찬은 고래도
춤추게 한다!

제3자의 칭찬

〈식객〉이라는 드라마가 있었다. 여기에서 주인공이 음식을 만들면 맛보고 평가하는 요리의 장인이 있다. 어떤 훌륭한 일을 하였을 때, 평가자가 등장하여 주인공을 높게 평가한다. 즉, 칭찬한다. 평가자가 없으면 주인공이 잘한 것을 깊이 느끼지 못하지만, 평가자의 감탄, 박수 등의 칭찬의 표시가 있을 때, 시청자는 그것에 더욱 감명을 받고 내용에 빠져든다. 이렇게 제3자나 또는 영향력이 있는 사람이 칭찬하는 것은 효과가 크다.

한국의 COVID-19 대처에 대한 세계 언론의 칭찬

2020년 4월 국회의원 선거가 있었다. 2019년 말에 중국 우한에서 발병한 COVID-19는 2020년 4월 선거 시기에는 전 세계로 퍼짐으로써 높은 전파력과 높은 사망률로 인하여 세계경제를 마비시켰다. 이 전염병에 대한 대처가 모든 선거 이슈를 압도하였다. 정부는 전염병 초기 중국을 막지 않음으로써 전염이 폭발적으로 발생하는데 원인을 제공하였다. 그러나 이후, 세계 다른 나라들에서는 전염과 그 전염에 따른 사망이 폭증하였지만, 우리나라는 진정되었고 전염병에도 불구하고 선거를 진행했다.

전 세계 많은 사람들이 우리나라의 대처에 대하여 칭찬하는 것을 언론매체에서 선거 기간 중 매일 보도하였다. 야당은 여당의 무능, 잘못된 정치, 부패에 대한 비난으로만 선거를 이기고자 하였다. 선거는 여당의 압도적 승리로 끝났다. 제3자가 하는 칭찬의 효과는 상당히 크다.

남자와 여자의 대화 차이

남자와 여자의 대화는 다르다. 남자들 사이의 대화에서는 듣는 자는 판사가 되어 옳고 그름을 따진 후, 비난하거나 충고를 한다. 대화 자리가 재판장이 된다. 말하는 사람은 죄인이고 듣는 사람은 판사이다. 삭막하고 살벌하다. 죄인과 판사만 있을 뿐이다. 여자들 사이의 대화에서는 듣는 자는 팬이 되어 그저 감탄만 한다. '진짜?', '정말?', '대박!', '와~' 같은 감탄사만 나온다. 대화 자리가 팬미팅장이 된다. 말하는 사람은 스타이고 듣는 사람은 팬이다. 감정 근육 '언시'는 말로 베푸는 것이다. 여자들 사이의 대화에서 자주 나오는 이와 같은 감탄사는 모두 '언시'로서 말하는 사람을 기분 좋게 한다.

나쁜 호르몬과 좋은 호르몬

화가 나면 우리 몸에서는 건강에 해로운 나쁜 호르몬이 분비되고, 행복할 때 우리 몸에서는 좋은 호르몬이 분비된다. 그런데 똑같이 분비되어도 우리 몸에 영향을 끼치는 정도로 비교하면 나쁜 호르몬은 좋은 호르몬보다 열 배정도 영향이 크다. 그렇기 때문에 열 번 행복하더라도, 한 번 화가 나게 되면, 열 번 쌓은 좋은 호르몬 효과를 모두 잃어버리는 것이다. 비난을 받으면 화가 나고, 칭찬을 받으면 행복해진다. 따라서 열 번 칭찬을 받았더라도, 한 번 비난을 받게 되면 모든 것이 헛수고가 된다. 그래서 칭찬은 자주하되, 비난은 절대 하지 말라. 그러면 당신은 주위 사람들의 건강에도 도움을 주는 것이다. 그리고 칭찬은 지금 현재 내 앞에 있는 사람에 대하여만 하라. 내 앞에 없는 사람에 대하여는 칭찬을 하지 말라. 그 칭찬은 지금 내 앞에 있는 사람에 대한 간접적 비난이 될 수 있기 때문이다.

일본 수상 다나까

70년대 유행했던 넌센스 퀴즈이다.

일본에서 가장 마른 사람은? 비싸이로막나가

일본에서 가장 무서운 사람은? 도끼로이마까

그 사람보다 더 무서운 사람은? 깐데또까

일본에서 가장 낚시를 잘 하는 사람은? 다나까

다나까는 실제 인물이다. 학력은 초등학교밖에 나오지 못했지만 일본에서 존경받는 사람 중의 한 명이다. 성 중의 성으로 불리기도 하는 대장성은 막강한 권한을 가진 중앙행정기관으로서 일본 최고의 대학인 동경대학 수재들이 많았다.

이 대장성의 최고 자리에 초등학교밖에 나오지 못한 다나까가 임명되자 엘리트 의식을 가지고 있던 대장성 관료들은 노골적으로 불만을 터트렸다. 그런 와중에 다나까는 취임식을 강행했다. "여러분은 천하가 알아주는 수재들이고 나는 초등학교밖에 나오지 못했습니다. 더구나 대장성 일에 대해서는 전혀 알지 못합니다. 따라서 일은 여러분이 하십시오. 저는 책임을 지도록 하겠습니다." 이렇게 취임사를 시작하자 비웃던 사람들은 그를 다시 보게 되며 그의 말에 집중하기 시작했다.

이 취임사를 보면 자신을 낮추는 인정을 하고, 상대를 높이는 칭찬을 하는 것을 볼 수 있다. 실제 다나까가 잘 낚는 것은 고기가 아니라 사람의 마음이었던 것이다.

이후, 다나까는 장관에 그치지 않고 수상을 2번이나 역임하게 된다. 언시는 말로 베푸는 것이다. "말 한마디에 천 냥 빚을 갚는다."는 말이 있다. 언시가 천 냥의 값어치가 될 수도 있는 것이다. 비싼 미끼인 언시를 많이 베풀어, 다나까처럼 사람들의 마음을 낚아보자.

칭찬은 고래도 춤추게 한다

범고래는 바다에서 최고의 포식자로 상어도 겁나서 도망가는 고래이다. 범고래가 나타나면 상어 떼가 사라질 정도로 아주 몸집이 크며 포악하고 영리한 고래이다. 범고래는 머리가 좋아 상어와 싸울 때, 상어를 쳐서 뒤집는 전법을 쓴다. 상어는 뒤집히면 움직이지 못한다. 그때, 아무 저항도 못하는 상어를 편안히 잡아먹는다. 이런 무시무시한 범고래를 춤추게 하는 방법이 있다. 그것은 칭찬이다.

범고래를 훈련시킬 때, 훈련자가 의도한 대로 잘 하면 보상으로 먹이를 준다. 대화를 할 수 없는 고래에게 먹이로 칭찬을 하는 것이다. 범고래에게 이런 방식으로 계속 칭찬을 하면 나중에는 이 거대하고 무서운 범고래가 춤을 추는 묘기까지 하게 된다.

••• 언시 •••

감정 근육 '언시'는 불교의 무재칠시에 나오는 말이다. 무재칠시는 재산이 없어도 베풀 수 있는 일곱 가지이다. 그중에서 말로 베푼다는 뜻인 언시에는 '찬사', '칭찬', '감사', '축하', '격려', '사랑의 표시' 등 여러 가지가 있을 수 있다. 언시에서 특별한 것은 '칭찬'이다. "칭찬은 고래도 춤추게 한다."는 말이 있듯이 칭찬은 좋은 인간관계를 만드는데 아주 훌륭한 역할을 한다. 그에 반하여 비난은 인간관계를 급속도로 냉각시킨다. 어떤 행동도 또는 그 행동으로 인한 어떤 결과도 장점과 단점이 공존한다. 보는 방향에 따라 보여지는 것은 다르게 된다. 단점을 보면 단점이 보이고, 장점을 보면 장점이 보인다. 단점이 보이면 비난을 선택하게 되고, 장점이 보이면 칭찬을 선택하게 된다. 칭찬을 할 것인가? 아니면 비난을 할 것인가? 이것은 판단의 문제가 아니다. 관점과 선택의 문제이다. 그러므로 평소 사람들을 볼 때, 장점을 보고 칭찬하는 생활습관을 가져야 한다.

존경, 시기, 감탄, 질투 : '언시', '버림'
감사 : '언시', '배려'
무시 : '언시', '공감', '배려'
지루 : '능동', '언시', '공감'
자존, 자부, 명예, 기쁨 : '감사', '언시', '배려'
사랑 : '언시', '공감', '배려'
대인공포 : '포용', '사랑', '즐김', '칭찬', '인정', '공감'

인정하고 인정해줘라!

진흙탕 싸움

어떤 사람은 자기의 실패를 인정하지 않는 것을 넘어서서 오히려 비난하고 있는 사람을 역으로 공격한다. "너는 얼마나 잘났냐? 너도 이런 것은 많이 잘못했다. 너가 나보다 잘못이 크므로 너는 나를 비난할 자격이 없다." 이런 식으로 공격이 최선의 방어인 전략을 선택한다. 진흙탕 싸움으로 상황을 몰고 가는 것이다. 잘못된 선택이다. 학교에서 국어 시간에 영어 공부하고, 영어 시간에 수학 공부하는 아이치고 공부 잘하는 아이는 없다. 자기의 잘못을 말하고 있는데 그것에 대해서는 답변을 하지 않고, 엉뚱하게 남의 잘못에 대하여 말하는 것은 국어 시간에 영어 공부하는 격이다. 자기의 잘못에 대하여 깔끔하게 정리를 하여 상대가 시원하게 느껴지도록 하여야 한다. 즉, 깔끔하게 자기의 잘못을 인정하는 것이다.

자존감 높은 사람

자존감이 높은 키가 작은 사람이 이렇게 말한다. "내가 작은 것이 아니라 남이 큰 것이다." 어느 날은 또 이렇게 말한다. "나는 키가 크다. 남들은 나보다 키가 더 크다." 이 사람은 자기의 작은 키에 대하여 열등감에 빠지지 않는다. 다 성장한 성인은 더 이상 키를 크게 만들 수 없으므로 키 작음을 받아들일 수밖에 없다. 그렇다고 열등감에 빠지면 안된다. 키가 작은 것은 그저 다른 것이다. 다름은 못난 것이 아니다. 다름을 인정하고 받아들이자.

나 원래 양심 없어!

친구들끼리의 농담이다.

"야 너는 왜 그렇게 양심이 없니?"

"응, 나 원래 양심 없어!"

양심이 없다고 비난하였던 친구는 어이가 없어 더 이상 말을 하지 않는다. 따라서 싸움이 되지 않는다. 대인공포 증상도 마찬가지이다. 누가 그 증상을 비하하면 그것을 가지고 수치스러움에 괴로워하지 말고, 인정해 버리자. 수치심이 없는 사람은 대인공포가 생기지 않는다.

아프리카 사자 왕국

아프리카에 2마리의 늙은 수사자 왕들이 이끄는 10마리 내외의 사자 왕국이 있었다. 한 마리의 왕이 왕국 정찰을 하다가 사라졌다. 남아있는 왕 혼자서 왕국을 지키기에는 힘들게 되었다. 어느 날 젊은 떠돌이 수사자 두 마리가 강을 건너 왕국을 침범했다. 침입한 사자들은 왕국의 가장자리에 자리를 잡고는 포효를 하기 시작했다. 왕은 몸을 사리며 그 포효를 듣기만 하였다. 결국 무리 중 젊은 암사자가 쳐들어온 수사자들에게 가 몸을 바쳤다.

그로부터 얼마 후 노련한 다른 수사자 두 마리가 왕국에 침범했다. 이들은 한눈에 봐도 많은 전투를 경험한 전투력이 막강한 사자들로 보였다. 먼저 침입한 젊은 수사자들조차도 이들을 피하여 왕국을 떠났다. 그러자 이번에는 왕국의 여왕인 우두머리 암사자가 몸을 바쳤다. 여왕은 왕의 새끼를 임신하여서 앞으로 태어날 새끼를 살리려면 쳐들어온 노련한 수사자들에게 새끼가 그들의 자식으로 착각하게 만들 필요가 있었다. 사자 세계에서는 새로운 왕은 기존 왕의 새끼를 모두 물어 죽이기 때문이다. 왕은 이번에도 몸을 사리고 그저 가만히 있었다.

이번에는 수천 마리의 아프리카 물소 떼가 왕국에 들이닥쳤다. 이 물소 떼를 따라 수사자 3마리가 이끄는 20마리가 넘는 큰 사자 무리도 들어 왔다. 그러자 왕국의 무리는 죽지 않기 위하여 그들을 피해 뿔뿔이 흩어졌다. 왕 또한 숲속에 몸을 숨겼다. 물소 떼가 모두 사라지자, 왕국을 침입하였던 모든 사자들이 떠났다. 다시 이 왕국의 무리는 예전처럼 모였고, 왕은 그 무리들을 계속 다스릴 수 있었다. 왕은 침입한 사자들과 전쟁을 하지 않고 자기의 땅을 내주었다. 침입한 사자가 우세한 것을 인정하고 대세를 따른 것이다. 침입한 사자들도 왕에게 싸움을 걸지 않고, 먼 거리에서 포효하면서 위협만 하였다. 이것 또한 불필요한 부상을 막는 역할을 한다. 사자들은 서로 간의 전쟁을 피하며 적당한 선에서 슬기롭게 타협한다.

여기서 배울 점은 '인정'이다. 자기가 약할 때는 자기의 약함을 솔직히 인정하는 것이다. 왕이 무리하게 자기의 땅을 침범한 사자들을 공격하였다면 아마도 죽었을 것이다. 왕은 현명하게 자기의 약함을 인정함으로써 자기의 목숨을 살리고, 후에 그들이 물러가자 다시 왕권을 회복하는 기회를 가지게 된 것이다.

나에게 적용할 인정

나에게 적용할 '인정'은 나의 잘못을 시원하게 인정하는 것이다. 남을 이기겠다는 마음과 완벽주의를 버리고, 나의 가치가 내려가는 것을 받아들인다. 인생에서 완벽하게 100점을 맞는 것은 불가능하다. 언제든지 틀릴 수가 있다. 그때 완벽주의를 버리고, 틀린 것을 시원하게 인정한다.

마음속으로 나의 잘못을 인정하였으면, 외부로도 인정의 표시를 하여야 한다. 물론 남들이 나의 답변을 원하지 않을 때는 할 필요가 없다. 그러나 주위에서 나를 비난한다면, 어차피 마음속으로 인정을 했으니, 시원하게 외부로도 나의 잘못을 인정한다.

보통 실패를 하였을 때, 주위 사람들은 그 실패를 가지고 비난한다. 비난을 받은 사람은 보통 인정보다는 변명을 선택한다. 왜냐하면 실패를 인정하게 되면 책임을 져야 할 일이 두렵고, 심지어는 직장도 잃을 수 있기 때문이다. 그러나 실제로는 그런 일이 잘 일어나지 않는다. 그런데도 현실에서는 사람들은 실패를 잘 인정하지 않는다.

인간관계는 얼기설기 엮어져 이루어진다. 원과 직사각형은 서로 맞물려 엮어지지 않는다. 이유는 남이 비집고 들어올 빈틈이 없기 때문이다. 어딘가 모자라서 들어갈 빈틈이 있으면 그 빈틈으로 다른 사람들이 들어와서 서로 잘 엮어진다. 못난 부분과 실패를 시원하게 인정하는 자세가 바로 빈틈이다. 단점이 아니라 장점이 되는 것이다.

남에게 적용할 인정

　남에게 적용할 '인정'은 남의 못난 부분을 인정해 주는 것이다. 상사는 나보다 월급도 많이 받고, 회사도 오래 다녔기 때문에 항상 나보다 나아야 한다고 생각한다. 그러다 보니 상사의 나보다 못난 부분은 비난의 대상이 된다. 그러나 상사도 사람이지 신이 아니다. 당연히 완벽할 수 없다. "상사는 당연히 저래야 한다."라는 생각을 버리자. 상사의 나보다 못난 부분을 인정해주자. 그리고 감싸주자.

●●● **인정** ●●●

감정 근육 '인정'에는 두 가지가 있다. 나에게 적용할 인정과 남에게 적용할 인정이다. 나에게 적용할 '인정'은 나의 잘못을 인정하는 것이고 남에게 적용할 '인정'은 남의 못난 부분을 인정해주는 것이다.

분노 : '관망', '버림', '인정', '시도'
멸시, 측은, 실망, 고소 : '인정', '긍정', '공감', '배려'
미움 : '관망', '버림', '인정', '긍정'
자괴, 수치, 죄책, 슬픔 : '포용', '버림', '인정', '긍정'
미안 : '시도', '인정', '사랑', '배려'
외로움 : '시도', '포용', '버림', '인정', '긍정'
대인공포 : '포용', '사랑', '즐김', '칭찬', '인정', '공감'
우울증 : '시도', '포용', '버림', '인정', '긍정'

다 버려라!

들숨과 날숨

호흡에는 들숨과 날숨이 있다. 들숨은 폐에 공기를 집어넣는 것이고, 날숨은 폐의 공기를 내보내는 것이다. 날숨을 하게 되면 폐의 공기가 나가면서 나간 공기만큼 여유가 생겨서 폐에 피가 쉽게 들어갈 수 있게 된다. 피가 폐로 들어가면 혈관, 심장, 뇌에서 혈압의 부담이 내려간다. 뇌의 혈압이 내려가면, 긴장이 가라앉으면서 마음이 편안해진다.

바이킹이라고 하는 놀이기구를 탈 때 활용하면 확실히 알 수 있다. 올라왔다가 내려갈 때, 많은 사람들이 "으악~"하고 비명을 지른다. 피가 머리로 올라오면서 긴장하기 때문이다. 내려갈 때 날숨을 쉬어 보라. 신기하게 긴장이 거의 되지 않는다. 피가 머리로 몰리면서 긴장이 발생하는데, 날숨으로 인하여 머리로 몰릴 피가 폐로 가기 때문이다.

잠이 오지 않을 때, 최대한 날숨을 하여보라. 즉, 폐의 모든 공기를 내버리는 심정으로 최대한 날숨의 시간을 늘려라. 마음이 편안해지면서 어느새 잠이 들 것이다. 이것도 바이킹 사례와 마찬가지로 뇌의 피가 폐로 가면서 뇌의 혈압이 떨어지기 때문이다.

날숨은 공기를 버리는 것이다. '버림' 감정 근육은 모든 것을 버리겠다는 마음이다. 날숨으로 마음을 편안하게 하듯이, '버림' 감정 근육으로 욕심을 버려 번뇌를 사라지게 하자.

애물단지 러닝머신

운동하기 위하여 러닝머신 헬스 기구를 샀다. 기구가 집에 들어오고 한두 달은 사용했다. 그 이후 몇 년이 지났지만 한 번도 사용하지 않고 있다. 버리기는 아까운 애물단지가 되었다. 최근에 아까웠지만, 과감히 기구를 버렸다. 기구로 인하여 비좁고 답답하던 공간이 넓고 시원하게 바뀌었다. 기구는 나에게서 없어졌지만, 그 대신에 사용 가능한 시원한 공간이 생겼다. 버림으로써 얻는 것이 생긴다. 욕심을 버리면 버린 자리에 시원함이 찾아온다.

어제 정상 근무한 40대 사망

경주에서 회사를 다니는 A씨는 2020년 2월의 어느 날 새벽 1시까지 야근을 했다. 당시 A씨를 본 동료들은 "기침만 조금했을 뿐 죽을 사람처럼 보이지 않았다."고 경찰에 진술했다. 그다음 날 A씨가 출근하지 않자 회사 동료가 A씨 자택으로 찾아갔고 침대에 누워 숨져있는 것을 발견했다. A씨는 평소 고혈압약을 먹는 것 외에는 비교적 건강한 40세의 중년이다.

A씨의 사체에서 검체를 채취하여 분석한 결과 COVID-19로 판정되었다. 장례식장 영안실에 안치되어있던 A씨의 시신은 바로 병원 외부로 이송되어 화장절차를 마쳤다. 이상은 뉴스 내용이다.

전날까지 회사에서 정상적으로 업무를 한 사람이 다음 날 화장처리된 것이다. 참~ 허무하다. 이런 상황에서는 인간의 존엄성은 공익에 밀리게 된다. 어제 일터에서 정상적으로 일한 사람이 화장 처리되었다. 공기로 변한 것이다. 불교에서 말하는 '무'로 돌아간 것이다. 이러한 상황이 되면, 시기, 질투, 자괴, 수치와 같은 감정은 사치다. '버림' 감정 근육으로 모든 것을 버릴 수 있는 마음을 가져야 한다.

••• 버림 •••

감정 근육 '버림'은 현재 가지고 있는 모든 것을 버리겠다는 각오이다. 물욕, 명예욕, 권력욕, 성욕 등의 욕심을 버리지 못하여 질투, 수치, 분노 등의 번뇌가 생긴다. 욕심은 자기의 능력 이상으로 재물 등을 가지고자 하는 것이다. 작은 그릇에 큰 것을 담으려고 하므로 문제가 발생되어 번뇌가 생기는 것이다.

존경, 시기, 감탄, 질투 : '언시', '버림'
분노 : '관망', '버림', '인정', '시도'
미움 : '관망', '버림', '인정', '긍정'
자괴, 수치, 죄책, 슬픔 : '포용', '버림', '인정', '긍정'
모욕감 : '관망', '시도', '포용', '버림'
억울함 : '관망', '시도', '포용', '버림'
외로움 : '시도', '포용', '버림', '인정', '긍정'
우울증 : '시도', '포용', '버림', '인정', '긍정'
경외 : '버림', '결사', '시도'

멀리서 나를 바라보라!

스마트 폰 지도 앱

'관망' 감정 근육을 일상생활에서 키우는 색다른 방법이 있다. 그 방법은 운전 중에 스마트 폰으로 지도 앱을 보면서 목적지를 찾아가는 것이다. 이 앱은 나의 차량의 위치와 방향을 평면도 지도로 보게 된다. 평면도 지도는 하늘에서 나를 내려다보는 화면이다. 즉 나에게서 벗어나 하늘에서 내려다보는 것이다. '관망' 감정 근육처럼 나를 객관화하는 연습을 하는 것이다.

하늘 멀리에서 나의 차량을 보면 가고자 하는 길이 제대로 보인다. 내비게이션은 근거리 지도로 회전 방향을 가르쳐 주면서 친절히 길을 안내한다. 길은 제대로 가겠지만 길에 대한 전체 개념을 잡을 수 없어 나중에 같은 길을 가도 계속 내비게이션에 의존하게 한다. 그러나 지도 앱은 길에 대한 전체 개념을 잡아 주기 때문에 후에 같은 길을 갈 때 앱의 도움 없이도 찾아갈 수 있게 한다. '관망' 감정 근육도 마찬가지이다. 인생길을 걷다 보면, 온갖 경우를 만나게 된다.

각 경우마다 감정에 빠지면 내비게이션의 근거리 화면으로 보는 것이기 때문에 개념을 잡을 수 없다. 그러나 '관망' 감정 근육을 사용하여 나를 멀리서 쳐다보면 전체 상황을 객관적으로 볼 수 있다. 즉, 인생의 갈림길에서 감정을 차분하게 다스려 가야 할 길이 어디인지 제대로 보이게 한다.

창백한 푸른 점

1977년 발사된 보이저 1호가 1990년 5월 태양계의 가장 바깥쪽 명왕성 궤도에서 그 방향을 돌려 지구의 사진을 찍었다. 세계적인 천문학자 칼 세이건이 강하게 나사에 요청하여 이루어진 일이다. 사진에서 지구는 '아주 작은 창백한 푸른 점'이었다.

칼 세이건은 그의 저서 『창백한 푸른 점』에서 이와 같이 얘기를 했다. "저 점을 다시 보라. 저 점이 여기다. 저 점이 우리의 고향이다. 저 점이 우리다. 당신이 사랑했던 모든 사람들, 당신이 아는 모든 사람들, 당신이 한 번이라도 들어봤던 모든 사람들, 지금까지 존재했던 모든 인류가 저 점 위에서 살았다. 우리의 기쁨과 고통, 수천 가지의 신앙, 이데올로기, 경제정책, 모든 사냥꾼과 약탈자, 모든 영웅과 비겁자, 모든 문명의 창조자와 파괴자, 모든 왕과 소작인, 모든 사랑하는 연인들, 모든 어머니와 아버지, 희망에 찬 아이들, 발명가와 탐험가, 모든 도덕적 스승들, 모든 부패한 정치인, 모든 슈퍼스타, 모든 최고위 지도자들, 우리 인간이라는 종의 역사에 등장한 모든 신성한 사람들과 천벌을 받은 사람들이 저 햇살에 떠 있는 작은 티끌 위에서 살았던 것이다."

이렇게 우주에서는 지구도 작은 점에 불과한데 그 속에서 사는 우리 인간은 얼마나 작고도 작은 존재인가? '관망' 감정 근육을 이용하여 번뇌에 빠져있는 작고도 작은 옹졸한 나에게서 빠져나오자.

유체이탈 화법

기자 회견에서 능구렁이 정치인들이 자기 자신의 잘못을 변명할 때, 유체이탈 화법을 많이 쓴다. 자기 자신과는 무관한 것처럼 보이는 제3자 입장으로 말하는 것이다. 기자는 중심에서 살짝 비켜 지나가는 그 애매한 대답에 더 이상 정치인을 공격할 동력을 잃고 만다. 유체이탈 화법이 나를 사건의 중심에서 빠져나오게 함으로써 분쟁에서 벗어나게 하듯이, '관망' 감정 근육도 나에게서 빠져나와 나를 멀리서 쳐다보는 것이므로 격앙된 감정을 다스리게 한다.

인생은 가까이서 보면 비극, 멀리서 보면 희극

인생은 가까이서 보면 비극이지만, 멀리서 보면 희극이다. 감정에 빠져서 생각하면 고통스러운 일들이 한없이 고통스럽지만, 멀리서 나를 지켜본다면, 아무것도 아닌 것을 가지고 고통스러워하였다는 것을 알 수 있다.

바둑이나 장기를 보면 관전하며 훈수를 두는 사람이 직접 게임을 하고 있는 게임자들보다 잘 보는 경우가 많다. 관전한다는 것은 멀리 떨어져 게임판을 보는 것이기 때문에 게임자들보다 전체 형세를 보기 쉽다. 멀리서 나를 쳐다보는 '관망' 감정 근육을 잘 활용하여 격앙된 감정의 늪에서 나를 빠져나오게 하자.

••• 관망 •••

감정 근육 '관망'은 나 자신을 멀리서 지켜보는 것이다. 나를 지켜본다는 것은 나에게서 빠져나와 나를 쳐다보는 것이다. 나에게 나쁜 결과가 오면 슬픔이 밀려온다. 반대로 남에게 나쁜 결과가 오면 고소함이 밀려온다. 결과의 대상이 나에서 남으로 바뀌면 이렇게 감정이 달라진다. '관망' 감정 근육은 나에게서 벗어나 나를 남 대하듯이 보게 하는 것이므로 감정을 변화시킬 수 있다.

분노 : '관망', '버림', '인정', '시도'
짜증 : '관망', '포용', '시도'
조급 : '관망', '즐김'
즐거움 : '관망', '배려'
분노조절장애 : '관망'
모욕감 : '관망', '시도', '포용', '버림'
억울함 : '관망', '시도', '포용', '버림'
무기력감 : '결사', '관망', '시도'

공감하라!

여우와 두루미

여우와 두루미 이야기는 이솝 우화 중 하나이다. 여우가 두루미를 초대했다. 음식을 접시에 담아서 내오자 두루미는 제대로 음식을 먹지 못했다. 이번에는 두루미가 여우를 초대했다. 예전 일을 마음속에 새기고 있던 두루미는 음식을 호리병에 담아 내왔다. 당연히 여우는 음식을 먹지 못했다. 여기서 여우와 두루미의 배려는 상대의 입장을 생각하지 않는 배려이다. 진정한 배려는 상대의 입장으로 공감하고 배려하는 것이다.

위험한 졸음과의 싸움

길순이는 여인을 흔들어 깨웠다.

"아가씨! 길순이입니다."

여인은 간신히 눈을 떴다.

"길순이구나."

"아니! 이게 어떻게 된 것입니까?"

여인은 다시 눈을 감았다.

그대로 두면 아기도 여인도 모두 동사하고 말 것이다. 여인은 절강성에서 유명한 가문인 창룡문의 둘째 며느리인 남궁소연이었다. 그녀는 절에 기도를 갔다가 돌아오는 길에 복면인들에게 기습공격을 받고, 같이 간 호위무사들과 떨어져 사람이 살고 있지 않은 빈 외딴 초가집에 몸을 피신하였다. 피신하여 눕자마자 진통이 시작되고 얼마 있지 않아 아이를 출산한 것이다. 창룡문에 있던 길순이는 아무리 기다려도 소연이 돌아오지 않자, 무사들과 함께 소연을 찾기 위해 나온 것이다. 길순이와 소연 모두 무공 고수들이었다. 중년 남성이 들어 왔다. 그는 헤어졌던 호위무사 중 한 명이었다. 길순이는 무사에게 명령하였다.

"너는 지금 빨리 창룡문으로 가서 도움을 요청해!"

무사가 나가자, 길순이는 다시 소연을 깨웠다.

"눈을 뜨세요. 이대로 잠이 드시면 죽습니다."

소연은 다시 힘들게 눈을 떴다.

"아니! 어떻게 된 것입니까? 저 죽어 있는 자는 누굽니까?"

길순이는 계속 물었다.

"나도 몰라~ 절에서 나와 창룡문으로 돌아오는데 저놈들이 갑자기 공격했어. 그 와중에 무사들과 헤어져 여기까지 오게 된 거야!"

소연이가 잠이 들면 저체온으로 죽을 수도 있으므로 길순이는 아기를 품에 안고 계속 말을 걸었다.

"아기가 너무 예쁘네요."

"고추를 달고 나왔네요."

"눈은 아가씨를 닮아 크고, 코는 작은 주인님을 닮아 오똑 솟았네요."

"앞으로 우리 창룡문을 잘 이끌고 나갈 것 같습니다."

잠들면 동사할 수 있기 때문에 길순이는 계속 지루하지 않게 소연이가 관심을 끌 만한 주제인 아기와 관련한 이야기를 하였다. 그사이에 어느새 도움을 요청하러 나갔던 무사가 많은 다른 무사들과 함께 초가집에 도착하였다. 소연은 길순이의 적극적 공감 대화 덕분에 죽을 수도 있는 잠에 빠지지 않았고, 무사들의 호위를 받으며 무사히 창룡문으로 돌아왔다.

●●● 공감 ●●●

감정 근육 '공감'은 인간관계를 위해서는 필수적으로 키워야 한다. 지루할 때는 우선 좋은 말로 대화를 시작한다. 좋은 말은 찬사, 칭찬, 축하, 감사 등 여러 가지가 있다. 그리고 상대와 공감하면서 지루함을 없앤다. 내 편으로 사람들을 만드는 방법 중 하나가 바로 공감해 주는 것이다. 자기와 공감해주는 사람을 사람들은 좋아한다. 공감을 잘하기 위해서는 경청을 잘 해야 한다. 경청만 하였는데, 만남 후, 상대는 나를 말 잘하는 사람으로 본다는 연구 결과도 있다. 듣기만 하였는데도 상대는 나를 말 잘하는 사람으로 착각하는 것이다. 나와 공감하는 사람은 내 편이다. 내 편이 하는 것은 모두 좋게 보인다. 그러므로 공감하는 사람이 하는 것은 모두 좋게 보인다.

무시 : '언시', '공감', '배려'
지루 : '능동', '언시', '공감'
'멸시', '측은', '실망', '고소' : '인정', '긍정', '공감', '배려'
사랑 : '언시', '공감', '배려'
대인공포 : '포용', '사랑', '즐김', '칭찬', '인정', '공감'

죽기를 각오하라!

공동경비구역

남한 군인들과 북한 군인들이 JSA라고 하는 휴전선의 공동경비구역에서 서로 만나 우정을 나눈다. 그 기간이 길어지다가 결국 북한의 다른 군인이 이것을 목격하게 된다. 여기서 서로 총을 겨누는 대치 상태가 되는데, 한 남한 군인이 극도의 불안 상태에서 어떤 소리에 의한 놀람으로 총을 발사하게 된다. 결국 이 사건으로 남북한의 우정은 비극으로 끝나게 된다.

현실 속에서 그런 대치 상태가 발생한다면, 얼마든지 가능한 일이다. 그러나 놀람에 의한 실수가 예상될 수도 있는 이러한 때에는 감정 근육 '결사'를 사용하여 미리 감정을 다스려 놓으면 결과는 달라질 것이다.

감정 근육 '결사'란 "죽기를 각오한다."라는 뜻이다. "생즉사 사즉생"이라는 말이 있다. 전쟁터에서 "살고자 하면 죽을 것이고, 죽고자 하면 산다."라는 말이다. 죽을 결심인데 무엇이 두렵겠는가? 두려움을 떨쳐내는 데 가장 좋은 감정 근육이다.

놀람 : '결사'
공포 : '결사', '시도'
불안 : '결사', '버림', '인정', '시도'
공황 : '결사'
압박감 : '결사', '인내'
무기력감 : '결사', '관망', '시도'
경악 : '결사', '시도'
경외 : '버림', '결사', '시도'

긍정을 선택하라!

개인적인 것이 창의적인 것이다

봉준호 감독의 영화 〈기생충〉은 아카데미 시상식에서 작품상, 감독상, 각본상, 국제장편영화상을 수상하며 한국영화 최초로 4관왕을 획득했다. 시상식에서 봉 감독은 다음과 같은 말을 하였다. "가장 개인적인 것이 가장 창의적인 것이다." 이 말은 수많은 영화를 만든 세계적인 영화감독 마틴 스콜세지의 말이다. 시상식에 참석한 마틴 스콜세지 바로 앞에서 수상 소감으로 그가 한 말을 한 것이다. 이것이 의미하는 바는 그 말을 깊이 마음속에 간직하고 살면서 이 자리에까지 올라왔음을 간접적으로 뜻하면서 그에게 경의를 표한 것이다.

개인적인 것은 내가 남과 다른 것을 말한다. 남과 다른 것을 스스로 멸시하고 비하하는 마음으로 보지 말고, 창의적인 것으로 오히려 긍정적으로 보라는 말이다.

은메달과 동메달

올림픽에서 은메달을 딴 선수와 동메달을 딴 선수 중 누가 더 행복할까? 동메달보다 은메달이 더 좋은 것이므로 당연히 은메달일 것 같다. 그러나 실제 더 행복한 사람은 동메달을 딴 사람이라고 한다. 은메달을 딴 사람은 한 사람만 더 제치면 금메달을 딸 수 있었기에 위를 쳐다보며 아쉬워하는 마음이 남는다. 반면에 동메달을 딴 사람은 금메달에 대한 아쉬움은 두 사람을 제쳐야 하므로 포기하고 오히려 메달 권에 들어오지 못한 수많은 선수들을 내려다보며 행복해한다고 한다.

행복은 어디를 쳐다보냐에 달려있다. 위를 쳐다보면 불행하고, 아래를 내려다보면 행복하다. 부정을 선택하면 불행하고, 긍정을 선택하면 행복하다.

여성스러운 고향 친구

고향 친구가 있다. 그 친구는 남자지만 말투와 행동이 여성스러웠다. 그래서 다른 친구들은 그 친구를 여자라고 놀렸다. 친구는 자기의 여성스러움을 수치로 여겼다. 친구는 학교를 졸업하고, 본인의 여성스러움과는 너무나 동떨어진 거친 남자들의 세계인 대형차량 자동차 정비소에서 일하였다. 그곳에서 친구는 술, 담배를 멀리하고 성실하게 열심히 일하였다. 그러나 결국 직업과 관련하여 생긴 급성 혈액암이 발병하여 돈, 건강, 직장 모두를 잃었다. 현재는 나라에서 주는 보조금으로 살고 있다. 만약 그 친구가 여성스러움을 긍정적으로 여기고 오히려 활용하여 디자이너 같은 것으로 인생을 선택하였다면 지금 현재의 상황보다는 훨씬 좋은 인생을 살고 있지 않을까?

애물단지 블랙박스

차에 새 블랙박스를 설치하였다. 이 블랙박스는 카메라 본체의 뒷면에 녹화영상이 실시간으로 나타난다. 낮에는 괜찮았는데, 밤이 되니 그 환한 화면으로 인하여 운전에 방해가 되었다. 새로 산 블랙박스가 애물단지가 되어버렸다. 버리려고 하다가 생각을 긍정적으로 바꾸어 사용할 수 있는 방법을 더 연구하였다. 그러다가 카메라를 운전석 앞의 왼쪽 아래 구석으로 위치를 바꾸어 설치하여 보았다. 그러자 화면이 운전석 정면이 아니어서 더 이상 화면의 빛이 신경 쓰이지 않게 되었다. 오히려 차체에 가렸던 사각지대를 화면에서 볼 수 있어 더욱 안전 운행을 할 수 있게 되었다. 그리고 정차 시에는 화면으로 주위 상황을 보는 재미까지 생겼다. 긍정 마인드로 카메라 설치 위치를 바꿈으로써 애물단지가 보물단지가 된 것이다.

리더가 긍정적이면 팀원이 유능해진다

팀원들이 모두 일을 못하였다. 이 팀의 리더인 부장은 매사에 부정적이었다. 어느 날 부장이 새로운 사람으로 바뀌었다. 그는 긍정적인 사람이었다. 그러자 갑자기 팀원들이 모두 일을 잘하는 사람이 되었다. 신기하지 않는가? 리더만 바뀌었는데 모든 팀원들이 일을 못하는 사람에서 일을 잘하는 사람으로 바뀐 것이다. 그 이유는 부정적인 리더는 매사에 팀원들의 부정적 측면을 보며 질책만 하였는데, 긍정적 리더는 팀원들의 긍정적인 면을 보고 칭찬과 격려로 배려한 것이다. 야단만 맞을 때에는 일할 의욕이 생기지 않았지만, 정반대로 칭찬과 격려를 받으니 더욱 열심히 일을 하게 되고 그것이 팀원들의 역량을 키우게 된 것이다.

긍정과 부정

긍정을 선택하여 현재 가진 것에 만족하면 슬픔의 감정을 극복하고 행복하게 되지만 발전을 위한 노력은 덜 하게 되고, 부정을 선택하여 현재 가진 것에 불만족하면 슬프게 되지만 발전을 위한 노력을 하게 된다. 예를 들어 시험을 쳤는데 70점이 나왔다. 70점에 만족하면 행복하다. 그러나 이후 노력을 하지 않게 되어 점수는 더 높아지지 않을 것이다. 부정을 선택하여 70점에 불만을 가지면 행복하지는 않지만, 더 좋은 점수를 받기 위하여 더 열심히 공부하게 된다. 즉, 발전하게 된다. 인간이 가진 감정은 모두 필요한 감정이다. 슬픔도 필요하고, 기쁨도 필요하다. 오로지 기쁨만 추구하는 것은 문제가 된다. 긍정을 선택하여 기쁨과 행복을 선택할 것인가? 아니면 부정을 선택하여 슬픔과 발전을 선택할 것인가? 어느 것이 정답인지는 모른다. 상황에 맞게 적절히 선택하여야 할 것이다.

••• 긍정 •••

감정 근육 '긍정'은 현재 가진 것에 만족하게 하고, 슬픔의 감정을 낮추고 행복에 다가서게 한다.

멸시, 측은, 실망, 고소 : '인정', '긍정', '공감', '배려'
미움 : '관망', '버림', '인정', '긍정'
자괴, 수치, 죄책, 슬픔 : '포용', '버림', '인정', '긍정'
외로움 : '시도', '포용', '버림', '인정', '긍정'
우울증 : '시도', '포용', '버림', '인정', '긍정'

저항하지 말고
받아들여라!

바이러스와 공존하는 박쥐

중국의 우한에서 발생한 COVID-19 바이러스가 전 세계를 공포에 떨게 했다. 바이러스는 세균과는 많이 다르다. 크기는 세균보다 천 배 정도 작다. 세균이 인간의 크기이면, 바이러스는 벼룩의 크기이다. 세균은 스스로 신진대사를 하며 증식하는 생명체이지만, 바이러스는 스스로 신진대사를 못한다. 그런데 바이러스가 생물의 몸에 들어가면 생물의 효소를 이용하여 증식하게 되면서 생물의 특성을 가지게 된다. 그러므로 바이러스는 반은 생물이고 반은 무생물이다.

모든 생물체는 끊임없이 바이러스와의 국경 없는 전쟁을 벌이며 종족보존을 꾀한다. 현존하는 모든 생물체는 바이러스와의 전쟁에서 이기고 살아남았기에 존재하는 것이다. 사람의 가장 큰 적은 이데올로기도 아니고, 인접국가도 아니고, 경쟁하는 회사동료도 아니고 바로 바이러스이다. 최근에 세계를 공포에 떨게 한 전염병인 사스, 메르스, 코로나는 모두 바이러스가 원인이다. 모두 박쥐의 몸에 있던 것인데 다른 동물로 전파된 후, 이 동물의 몸에서 사람에게 전파되도록 변이되어 사람 간 전염이 이루어졌다고 한다. 사스는 사향 고양이, 메르스는 낙타, 코로나는 천산갑의 몸에서 변이된 것으로 추정한다.

박쥐는 많은 바이러스들을 몸에 지니고 있지만 오히려 육상의 쥐들보다 오래 산다. 30년의 수명을 가진 박쥐도 있다. 이유는 박쥐의 몸은 바이러스와 싸워 바이러스를 제거하려고 하는 것이 아니라, 바이러스와 공존하는 것이다. 바이러스를 받아들이는 것 즉, 포용하는 것이다. 전쟁을 하다보면 우리의 무기에 의하여 선량한 국민도 죽게 된다. 이런 원리로 인간의 항체는 바이러스와 전쟁하면서 정상 세포도 죽이게 되어 급성 폐렴 등이 발생되는 것이다. 바이러스가 있어도 박쥐의 항체는 전쟁을 하지 않으므로 정상 세포 또한 건드리지 않게 된다.

감정관리에서도 이것을 적용할 수 있다. 불쾌한 감정이 발생시, 보통 사람들은 감정의 발생 원인을 없애는 쪽으로 해결을 하려고 한다. 그러나 이 방식은 원인이 없어지지 않는 한 해결의 길은 보이지 않는다. 그러므로 박쥐가 바이러스를 포용하고 공존의 길로 가듯이, 감정의 원인을 포용하여 받아들임으로써 더 이상 감정으로 괴로워하지 말자.

도시가 성장하기 위한 3가지 요소

'리처드 플로리다'의 『도시와 창조계급』에 나오는 말로 3T가 있다. 3T는 도시가 성장하기 위한 3가지 요소이다. Technology(기술), Talent(인재), Tolerance(관용)이다. 이 중에서 관용은 다른 요소인 기술과 인재를 도시로 유인하는 역할을 한다. 관용과 비슷한 말이 포용이다. 도시란 사람이 모여 사는 곳이다. 모여 살기 위해서는 모여 사는 사람 간의 인간관계가 좋아야 한다. 서로 모여서 싸우기만 한다면 그 모임은 언젠가는 사라질 것이다. 즉 도시는 없어지는 것이다. '포용'은 인간관계를 위하여서도, 도시의 성장을 위하여서도 필요한 요소이다.

악취가 나는 노인

어느덧 봄이 오고, 하늘은 맑고 따스한 오후이다. 서당에서 공부를 마치고 나온 창운은 그대로 집에 가기에는 날씨가 너무 좋아 절강성의 번화가에 구경 나왔다. 여기저기 구경하다가 사거리의 큰 벽 밑에 쓰러져 있는 거지를 보았다. 거지는 나이가 아주 많이 들어 보이는 노인이었고, 노인의 옷은 여기저기 해어지고, 더럽고 지저분하였다. 지나가는 행인은 많았지만, 아무도 그 노인을 도와주는 사람은 없었다. 창운이 가까이 다가가자 노인의 몸에서 악취가 났다. 노인에게 말을 걸었다. "할아버지~"

노인은 반응이 없었다. 이번에는 노인의 어깨를 흔들며 말을 걸었다. "할아버지~"

"응~"

노인은 간신히 대답하였다.

"괜찮으세요?"

"힘이 없어 일어날 수가 없구나. 저기 다리 밑이 집인데, 거기까지 나를 업어줄래?"

"네~"

노인을 업고 걸어갔다. 업고 있는 노인의 몸에서 심한 악취가 났다. 창운은 악취에 저항하지 않고 받아들이기로 마음을 먹었다. 그러자, 신기하게도 악취가 더 이상 심하게 느껴지지 않았다. 무사히 노인네를 다리 밑 집까지 업어 드렸다. 편치 않은 구경길이 되었지만, 마음만은 뿌듯하였다.

밴댕이 소갈딱지

밴댕이 소갈딱지 또는 밴댕이 소갈머리라는 말이 있다. 밴댕이는 청어목 청어과에 속하는 어류로 전어, 준치, 청어, 정어리 등과 과가 같다. 바닷물고기 중에는 작은 편인데 그물에 끌려 올려 오면 마구 날뛰다가 죽어버린다. 밴댕이의 이런 특성 때문에 고집이 세고 속이 좁아 잘 토라지는 사람을 밴댕이라고 한다. 소갈머리 또는 소갈딱지는 마음속 생각을 낮잡아 이르는 말이다. 그러므로 밴댕이 소갈머리는 밴댕이 같은 사람의 마음속 생각이다. 밴댕이 소갈머리 소리를 듣지 않으려면 사소한 짜증나는 상황들은 참고 받아들이자. 즉, 포용하자.

해우소

불교에서 화장실을 해우소라고 한다. 근심을 해결한다는 의미이다. 대장에 변이 가득 차 대변을 보고 싶은 상태의 느낌은 불쾌감이며 근심이다. 화장실에서 대변을 다 보고 나면 시원한 느낌이 든다. 근심이라는 변을 버리자 불쾌감이 사라지면서 시원한 느낌의 쾌감이 생긴다. 사람들은 인생에서 성공, 행복, 쾌감만을 좇으며 산다. 그러나 인생은 실패, 불행, 불쾌감도 함께 간다. 인생길에는 편한 내리막길이 있으면 힘든 오르막길도 있다. 해우소의 개념처럼 실패 후의 성공 또는 불행 후의 행복은 우리에게 더욱 크게 다가온다. 그러므로 인생에서 실패, 불행, 불쾌감이 생기면 피하려고 하지 말고 포용하라. 다 필요한 것이기 때문에 존재하는 것이다.

●●● 포용 ●●●

감정 근육 '포용'은 불쾌감에 대하여 대항을 포기하고 받아들이는 것이다. 반면에 인내는 불쾌감을 참아내는 것이다. 참아낸다는 것은 계속 대항하는 것이므로 에너지를 계속 사용한다. 그러나 대항을 포기하고 받아들이면 대항하기 위한 에너지를 사용하지 않게 된다. 에너지 사용이 줄어드는 만큼 편해지는 것이다. 종교적 개념으로 본다면 '포용'은 불교에 가깝다. 감정을 차분히 다스려 마음을 안정시키는 효과가 있는 마음 수련 감정 근육이다.

짜증 : '관망', '포용', '시도'
자괴, 수치, 죄책, 슬픔 : '포용', '버림', '인정', '긍정'
외로움 : '시도', '포용', '버림', '인정', '긍정'
대인공포 : '포용', '사랑', '즐김', '칭찬', '인정', '공감'
모욕감 : '관망', '시도', '포용', '버림'
억울함 : '관망', '시도', '포용', '버림'
우울증 : '시도', '포용', '버림', '인정', '긍정'

하나하나 처리하라!

인생에서 가장 중요한 사람

인생에서 가장 중요한 사람은 누구일까? 그 사람은 지금 내 앞에 있는 사람이다. 이 사람에게 집중하고 성의를 다하면 결국 인생에서 모든 사람에게 성의를 다하는 것이다. 감정 근육으로 본다면, 지금 내 앞에 있는 사람에게 성의를 다하는 것이 '원원'이다. 한 사람 한 사람 내 앞에 있는 사람에게 성의를 다하는 것이다.

정치인들이 현장에서 국민들을 만나 악수하는 것을 보면 그 사람의 인간성을 대충 짐작할 수 있다. 현재 악수하는 사람에 집중하여 그를 지긋이 바라보며 웃는 정치인이 있는 반면에, 손은 이 사람과 악수하고 있지만 고개는 다음 악수할 사람에게 가 있는 정치인이 있다. 전자는 인간성과 진실성이 있어 보이지만, 후자는 왠지 믿음이 가지 않는다.

인생에서 가장 중요한 일

인생에서 가장 중요한 일은 무엇일까? 그 일은 지금 하고 있는 일이다. 이 일에 집중하고 성의를 다하면 인생에서 모든 일에 성의를 다하는 것이다. 컴퓨터에서 멀티태스킹(multi-tasking)이란 말이 있다. 동시에 여러 가지 프로그램을 수행하는 것을 말한다. 멀티태스킹에서는 처리 속도도 떨어지고, 오작동 확률도 커진다. 사람의 경우는 컴퓨터보다 더 심각하다. 만약 두 가지 이상의 일을 동시에 처리하게 되면 효율이 많이 떨어지고, 실수도 많이 나온다. '원원' 감정 근육은 지금 하고 있는 일을 하나하나 처리하는 것을 말한다. 아무리 많은 일이 산적하여 있다 하더라도 지금 이 순간 처리하는 것은 하나이다. 그 하나에 집중하여 하나하나 처리하면 어느새 모든 산적되었던 일들이 처리가 끝나게 될 것이다.

인생에서 가장 중요한 시간

인생에서 가장 중요한 시간은 무엇일까? 그것은 바로 지금이다. 과거는 이미 지나갔다. 후회해도 돌이킬 수 없다. 미래는 지금 내가 어떻게 하느냐에 달려있다. 지금 이 순간이 반복되면서 미래는 결정되는 것이다. '원원' 감정 근육은 아무리 일이 많아도 하나하나 한 개씩 처리해나가면서 지금 이 순간에 충실하자는 것을 말한다.

헬스

헬스장에서 건강을 위하여 운동하는 사람들이 많다. 그러나 어떤 사람들은 여름철 해수욕장에서 멋진 몸매를 보여주기 위하여 봄에 등록하여 운동하는 사람도 있다. 그러나 비만한 사람이 몇 달 안에 근육질의 멋진 몸매로 변하는 것은 불가능하다. 짧은 시간에 많은 근육을 만들기 위한 욕심으로 무거운 무게로 무리하게 운동을 하면 근육이 다치기도 하고, 즐거워야 할 운동이 힘들고 부담되는 노동으로 변하여 결국 운동을 포기하게 된다. 따라서 효과가 있으려면 꾸준히 작은 무게부터 시작하여 무리하지 않게 운동하여야 한다. 즉, 하나하나 한 개씩 순리적으로 하여야 하는 것이다

2차 세계대전 독일의 러시아 침공

2차 세계대전에서 독일은 전격전이라는 전략으로 한 번에 대대적인 공격으로 폴란드, 프랑스 등 많은 이웃의 다른 나라들과 싸워 승리하고 그 땅을 점령하였다. 그러나 영국을 공격하기 위해서는 바다를 건너야 하는데 전폭기와 전투기가 바다를 건너는 중에 포착되고 반격을 당해 쉽게 이기지 못하고 시간만 지나갔다.

히틀러는 서쪽에 있는 영국을 쉽게 점령할 수가 없게 되자, 동쪽에 있는 다른 거대한 땅에 욕심이 생겼다. 러시아와 평화협정을 맺었지만, 무시하고 러시아를 똑같은 방법으로 전격전으로 침공하였다. 그러나 이것이 독일이 전쟁에서 패하게 되는 시발점이 되었다. 전격전으로 러시아를 점령하기에는 러시아의 땅이 너무 거대하였다. 러시아와의 전쟁도 영국과의 전쟁과 마찬가지로 지지부진 질질 끌게 되며 오히려 후퇴하는 전선까지 생겼다. 그러는 사이 미국의 참전에 이어 연합군의 노르망디 상륙작전의 성공으로 서쪽에서 공격을 당하기 시작하고, 러시아에서의 패전으로 동쪽에서도 공격을 받으며 독일은 양쪽에서 협공을 받게 되는 지경에 이르렀다.

결국 히틀러의 자살로 2차 세계대전은 막을 내렸다. 독일이 러시아를 침공한 것은 한 마디로 무리수였던 것이다. 서쪽의 영국과 전쟁 중인데 동쪽의 러시아를 침공하는 것은 양쪽에 적을 두는 것이다. 동시에 두 곳과 전쟁을 하여야 하는 것이다. '원원'은 하나하나 하는 것이다. 만약 히틀러가 '원원'을 적용하였다면 지금 세계 역사는 달라졌을 것이다.

●●● 원원 ●●●

감정 근육 '원원'은 저자가 만든 말로 영어로 'one one'이다. "하나하나 처리한다."
를 의미한다. 나무젓가락 여러 개를 묶어 놓으면 웬만한 사람은 손으로 부러트릴
수 없다. 그러나 한 개 한 개는 쉽게 부러트릴 수 있다. 마찬가지로 부담되는 상황
을 한 번에 해결하고자 하면 너무 힘들다. 그러나 하나하나 한 개씩 처리하다 보
면 어느새 모두 처리가 된다.

부담 : '원원'
지겨움 : '원원', '즐김'

능동적으로
치고 나가라!

갈비집에서의 식사 자리

아파트 노인회의 한 할머니가 다른 할머니들에게 갈비집에서 식사를 대접하였다. 할머니의 자녀분이 사업을 하는데 사업이 잘 되어, 용돈을 풍족하게 많이 준다. 그래서 종종 식사를 대접한다. 그 자리에 관리소장인 나와 입주자 동대표 회장이 함께 가게 되었다. 식사 전 테이블에 모두 둘러앉았다. 그런데 아무도 말이 없이 가만히 앉아 있는 것이었다. 어색하고 지루한 상태를 깨기 위하여 소장인 내가 먼저 능동적으로 말을 시작하였다.

"자녀분이 무엇을 하세요?"

"○○○이란 사업을 해요."

"요즘 그 사업이 ~하더군요."

이런 식으로 말을 풀어가니까 다른 사람들도 하나씩 말을 하기 시작하면서 부드러운 대화와 함께 식사를 하게 되었다. 여기서 내가 대화에 성공할 수 있었던 것은 할머니는 말하는 것을 좋아하는 사람이고, 이자리가 할머니가 아들에게 받은 돈으로 식사를 사는 자리이기 때문에 아들 자랑을 하고 싶었을 것이다. 자녀분에 대한 나의 질문은 불타고 싶은 휘발유에 성냥불을 갖다 댄 격이다. 대화 없이 서먹서먹하고 어색한 자리는 누군가가 빨리 깨주어야 한다. 이때 다른 사람이 그것을 할것이라고 의존하지 말고 내가 능동적으로 그 역할을 하도록 하자.

감정 근육 '능동'은 능동적으로 치고 나가는 태도를 말한다. 지루함을 극복하고자 한다면 상대에게 의존하지 말고, 자기 자신이 부지런해야 한다. 즉, 수동적이 아닌 능동적 태도를 가져야 한다.

지루 : '능동', '언시', '공감'

자랑하고 싶으면
감사하라!

황달 증상으로 병원 갔는데 췌장암 4기 진단

유명한 축구 감독이 있다. 그는 황달 증상으로 병원을 찾았다. 그런데 췌장암 4기 진단이 나왔다. 췌장암은 다른 암과 다르게 증상이 생겨 병원을 찾아가면 상당히 진행된 결과를 받는 경우가 많다. 전날까지 멀쩡하던 사람에게 갑자기 사형선고를 내린 것이다.

인간은 언젠가는 모두 죽는다. 나이가 들수록 건강은 나빠질 수밖에 없다. "나는 운동을 많이 해서 당뇨, 고혈압, 비만이 없고 건강해."라고 말하고 다음 달 건강진단에 암이 발견될 수도 있다. "10년 운전 경력에 난 한 번도 사고가 나지 않았다." 이렇게 자랑한 순간 다음 날 사고가 생길 수 있다. 교통사고는 자기가 운전을 아무리 잘해도 다른 원인으로 얼마든지 일어날 수가 있다. 건강과 무사고 운전 등은 자부심에 자랑하고 싶은 욕망이 발생한다. 그러나 이러한 것들은 축구 감독처럼 어느 날 갑자기 나락으로 떨어질 수 있는 것이기도 하며, 자랑은 사람들의 질투, 시기도 불러일으킨다. 겸허한 마음으로 항상 감사하며 살자.

••• 감사 •••

감정 근육 '감사'는 모든 것에 감사하는 것이다. 인간은 언젠가는 모두 죽는 너무나 약한 존재이다. 자기의 능력이 월등하다고 자랑하는 것은 잘못된 것이다. 그 능력도 죽음이 오듯이 언젠가 사라질 것이기 때문이다. 매일 감사의 일기를 쓰며 마음 수련을 하는 사람이 있다. 기독교에서는 "범사에 감사하라."라는 말이 있다. 감사가 삶에서 그만큼 중요하다. 아직 나에게 남아있는 행복한 것들에 대하여 항상 감사의 마음을 가지고 살자.

자존, 자부, 명예, 기쁨 : '감사', '언시', '배려'

불편을 견뎌라!

등용문 시험

창룡문은 많은 상점과 음식점 그리고 표국 등을 운영하고 있으며 상점에서 파는 물건들 중에서는 직접 창룡문에서 제조하는 것도 많다. 그러므로 창룡문은 사람이 많이 필요하고 보수도 많이 준다. 매년 구인 공고문이 붙으면 많은 사람들이 지원하지만 시험이 어려워 통과하는 사람은 많지 않다. 특히 호위무사는 바로 뽑아 배치하는 것이 아니고, 어린아이들을 뽑아서 어려서부터 보수를 주면서 창룡문에서 숙식을 하고 무술 훈련과 학문을 닦는다. 그래서 20대가 되면 등용문 시험을 치르는데 이 시험에 통과한 인재는 호위무사로 등용하고 시험에 떨어진 사람들은 일반 문원으로 채용하여 상점, 제조장, 음식점, 표국 등에서 일을 하게 한다. 그러므로 호위무사는 다른 일반 문원들보다 많은 보수와 혜택을 보장받는다.

드디어 호위무사 등용문 시험이 시작되었다. 창룡문의 문주가 되기 위해서는 반드시 호위무사를 거쳐야 한다. 현 창룡문주의 둘째 아들인 창운도 등용문 시험에 참가하였다. 호위무사에 떨어진다면 창운이 비록 현 창룡문주의 아들이더라도 창룡문주 계승자 후보에 들어가지 못하게 된다. 창룡문주에게는 딸이 3명이 있고, 아들이 5명이 있다. 그중에서 가장 유력한 후보는 첫째 아들인 창석이다. 창석은 무예도 가장 뛰어나고, 성격도 호탕하여 현 문주가 가장 좋아하고 있다. 그런데 다소 독선

적이고 급한 면이 단점이다. 창석은 창운보다 2살이 많아 2년 전 등용문 시험에 도전하여 당당히 1등으로 합격하여 현재 호위무사 2조의 부조장을 맡고 있다.

시험을 치는 수험생들은 모두 검은 복면을 쓰고 몸 앞과 뒤에 흰색으로 번호만 달은 검은색 동일 복장이라서 누군지 알 수 없게 하였다. 드디어 제 1관문에 수험생 30명이 들어갔다. 창룡문 앞에 있는 창룡산의 정상을 찍고 산 뒤편의 특정 장소에 선착순으로 도착하는 10명만 간추리는 시험이다. 체력과 인내력 시험이다. 중간중간에 감독관이 배치되어 있어 수험생의 시험 과정을 감독한다. 다른 수험생에게 위협을 가하거나, 복면을 벗는 등의 행동을 하게 되면 바로 탈락이다.

"삐~" 드디어 출발 호각을 불렀다. 창운은 형처럼 체력이 좋지는 못했다. 출발하고 10분이 지나자 30명 중에서 25번째로 뛰고 있었다. 그러나 창운은 포기하지 않고 계속 뛰었다. 1명씩 계속 추월해 나갔다. 정상에 도착하였을 때는 10명 이상을 앞질렀다. 드디어 정상을 찍고 이제부터는 내리막길이다. 이제부터는 전속력을 다 하여야 하므로 그동안 비축하였던 모든 힘을 쏟아 전속력으로 달렸다. 다시 또 1명씩 추월해 나갔다. 내리막길이라도 소소한 오르막과 내리막이 반복하였다. 도착지점이 얼마 남지 않았다. 5명을 또 추월하여 10등으로 가까스로 탈락의 위기를 모면하였다. 그러나 이제 힘이 다해서 다시 추월당할 수도 있다. 결승점에 가까워지면서 천근만근 몸이 무거워지면서 엄청난 고통이 밀려 왔다. 창운은 마음속으로 인내를 외치면서 마지막 남은 모든 힘을 쏟아부으며 계속 뛰었다. 창운은 오히려 1명을 더 추월하고 9등으로 결승점을 찍으며 합격하였다.

••• 인내 •••

감정 근육 '인내'는 참고 견디는 것이다. 성공을 위하여 달려가는 길은 불편한 길로 시련과 고통이 기다리고 있다. 불편을 견뎌라. 성공이 기다리고 있다.

불편 : '인내', '시도'
압박감 : '결사', '인내'

이왕이면
즐기며 살자!

시간

삼국지에서 조조, 유비, 제갈공명이 모두 진 상대는 누구일까?

답 : 시간(시간이 지나 늙어서 모두 죽었다.)

나폴레옹, 세종대왕, 링컨 세 사람의 공통점은?

답 : 모두 죽었다. (시간이 지나 모두 죽었다.)

시간은 그 어떤 것보다 강하고, 귀중하다. 그리고 모든 사람에게 똑같이 주어진다. 이 귀중한 시간을 고민하고 조급해하면서 불행하게 보내지 말고, 이왕이면 즐기면서 행복하게 보내자.

마차 행렬

1년이 지나 창운의 나이가 14살이 되었다. 서당을 가기 위하여 집을 나섰다. 오늘 무슨 큰 행사가 있는지 마차 행렬이 끝이 보이지 않게 이어지고 있었다. 창운은 마차 행렬의 가는 방향과 동일한 방향으로 같이 걸어가는데 마차 바퀴 또는 말발굽에 치일 것 같았다. 서당을 가는 길이 자칫 잘못하면 목숨을 내놓아야 하는 길이 된 것이다. 창운은 생각했다.

"이 행렬과 같이 가면 서당은 지각하지는 않는데 자칫 잘못하면 큰 사고를 당할 수 있어. 오늘 시험에 나올 수 있는 중요 내용을 요약해주는 날인데 어떡하지? 지각은 한 번 야단맞으면 되고, 시험점수 좀 적게 나오면 어때. 사고는 내가 평생 불구자가 될 수도 있어. 그래 기다렸다가 가자."

창운이는 점수 욕심을 버리고, 야단맞을 것도 각오하고, 행렬을 구경하며 그 시간을 즐겼다. 갑자기 누군가 앉아 있는 창운의 등을 쳤다. 올려다보니 같은 서당 친구 희동이였다.

"야! 창운아! 서당 안 가고 여기서 뭐하니?"

"응~ 행렬이 끝날 때까지 기다리고 있는 거야."

"그러다 지각한다. 나는 먼저 갈게~"

희동은 창운을 두고 행렬과 같이 갔다. 한참 행렬과 같이 가던 희동이가 갑자기 비명을 질렀다. 마차 바퀴에서 튄 돌이 희동이를 친 것이다. 돌에 맞은 희동이는 하필 물이 고인 곳에 쓰러지는 바람에 바지도 버렸다. 행렬은 희동이가 다친 것도 모르고 그냥 흘러가고 있었다. 희동이는 앉아서 다친 다리에서 흘러내리는 피를 닦았다. 그리고 행렬이 있는 길에서 나와 시냇가에서 바지를 닦고 다리를 씻고 통증이 사라질 때까지 기다렸다. 결국 희동이는 지각하였다. 그런데 서당에는 창운이 먼저 와 있었다. 창운은 지각도 하지 않았다. 마침 희동이가 가고 얼마 안 있어 행렬이 끝났기 때문이었다. 조급함을 다스렸던 창운은 아침 시간에 경치와 행렬도 보며 즐기는 시간을 가지고 지각도 하지 않았지만, 조급했던 희동은 다치고 지각까지 하였다.

즐거움과 기쁨

행위를 하면서 즐거움 감정을 느끼고 그 행위의 결과로 가치상승이 오면 기쁨 감정을 느낀다. 즐거움은 행위의 쾌감이고, 기쁨은 결과의 쾌감이다. 기쁨을 추구하는 삶은 고달픈 삶이다. 기쁨은 가치상승이 온 시점의 짧은 기간만 유지되므로 기쁨 감정을 계속 느끼기 위해서는 가치상승을 위한 노력을 끊임없이 해야 하기 때문이다.

반면에 즐거움을 추구하는 삶은 행복한 삶이다. '즐거움'은 행위의 과정 하나하나에서 발생한다. 과정들은 결과가 도출될 때까지 수없이 많이 발생한다. 당연히 과정 감정인 즐거움이 결과 감정인 기쁨보다 감정을 느끼는 시간이 훨씬 많을 수밖에 없다. 그래서 행복이 소소한 쾌감의 연속이라고 본다면, 행복에 더 가까이 가려면, 기쁨보다 즐거움을 추구하여야 한다.

••• 즐김 •••

'즐김' 감정 근육은 현재 상황 또는 지금 하고 있는 일을 즐기는 것이다. 예를 들어 길이 막히는 상황이면 조급함으로 짜증내며 그 시간을 보내지 말고, 찬찬히 주위 경치를 보며 즐기자. 시간은 무시하기에는 이 세상에서 가장 강한 것이고, 버리기에는 이 세상에서 가장 귀중한 것이다. 사람마다 누릴 수 있는 시간은 정해져 있다. 이 귀중한 시간을 돈, 명예, 권력 등 결과만을 위해 힘들게 사용하는 것은 불행한 것이다. 가능하면 과정 내의 시간들을 즐기는 삶의 자세로 행복한 인생이 되게 하자.

조급 : '관망', '즐김'
대인공포 : '포용', '사랑', '즐김', '칭찬', '인정', '공감'
지겨움 : '원원', '즐김'

거절하되 사랑하라!

로또 1등의 저주

전북 전주의 전통시장에서 대출금 상환을 독촉하던 동생을 수차례 흉기로 찔러 숨지게 한 A씨가 현장에서 체포됐다. A씨는 2007년 로또 1등에 당첨되어 거액의 돈이 생겼다. 그는 집 없이 가난하게 사는 동생에게 집을 사 주었다. 복권 당첨 소식을 들은 친구들에게 돈을 빌려주기도 했다. 하지만 돈을 빌려줬던 친구들과 연락이 끊기면서 형편이 어려워졌다. 그럼에도 동생 집을 담보로 또 친구에게 돈을 빌려주었고, 이후 대출이자도 감당하기 어려워지는 지경에 이르렀다. 사건 당일 A씨는 이 문제로 동생과 전화로 말다툼을 벌였고, 이 과정에서 동생에게 욕설을 듣게 된 A씨는 만취 상태로 동생을 찾아가 흉기를 마구 휘둘렀다. 목과 등에 흉기를 찔린 동생은 119구급대에 의해 병원에 옮겨졌으나 끝내 숨졌다.

이 사례처럼 로또 1등에 당첨되고 그 이후에 불행해지는 경우가 많다. 로또 1등의 저주이다. 여기서 A씨가 미안의 감정 근육을 활용하여 친구들의 돈을 꿔달라는 요청을 완곡히 거절하는 시도를 하였다면, 이렇게 되지는 않았을 것이다. 그렇게 하지 않음으로써 A씨는 친구도 동생도 모두 잃고 본인의 인생을 완전히 망치게 되었다. 미안의 감정 근육 중에서 '사랑'이 있다. 거절하고 그래도 사랑하는 마음으로 친구를 배려한다면 아마 친구조차도 잃지 않았을 것이다.

●●● 사랑 ●●●

친구 없는 사람들은 보통 사랑의 베풂에 인색한 사람들이다. 사랑을 주고 친구를 얻자. 무리한 부탁을 받을 때는 과감히 거절하되, 사람에 대한 사랑까지는 접지는 말자. 종교적 개념으로 본다면 감정 근육 '사랑'은 기독교에 가깝다. 사람들에게 호의를 베풀고, 적극적 사회 활동을 하게 하는 행동 수련 감정 근육이다.

미안 : '시도', '인정', '사랑', '배려'
대인공포 : '포용', '사랑', '즐김', '칭찬', '인정', '공감'

"태초에 하나님이 천지를 창조하셨다."
성경의 창세기 1장 1절이다.
무에서 유(천지)를 만든 것이다.
무는 에너지이고, 유는 물질이다.
감정도 에너지와 물질로 나누어진다.

제4장

감정관리 비법을 통째로 외우자

감정은 에너지와
물질로 나누어진다!

핵폭탄

"태초에 하나님이 천지를 창조하셨다." 성경의 창세기 1장 1절이다. 무에서 유(천지)를 만든 것이다. 이것을 과학으로 풀어낸 사람이 있다. 아인슈타인이다. 아인슈타인의 이론 중에서 E=mc2이라는 공식이 있다. 에너지는 질량과 빛 속도의 제곱을 곱한 것이다. 즉, 에너지는 질량에 비례하고, 빛 속도의 제곱에 비례한다. 물질이 어떤 이유에서 질량이 사라지게 되는 것을 질량결손이라고 한다. 질량결손이 발생하게 되면, 에너지가 발생한다는 이론이다. 즉, 질량과 에너지는 서로 변환이 가능하다.

무와 유는 변환이 가능하다. 무는 에너지이고, 유는 질량이다. 빛이 1초에 지구를 7바퀴 반(3억 미터)을 도는데, 그 속도의 제곱이면 상상이 되지 않는다. 그런 어마어마한 수치를 질량에 곱한 것이 질량결손에 해당하는 에너지이다. 이래서 무시무시한 원자폭탄이 태어나게 된 것이다. 폭탄 중에서 TNT라는 폭탄이 있다. TNT 1톤이면 웬만한 빌딩은 파괴된다. 히로시마에 터졌던 핵폭탄은 TNT 16킬로톤급으로 TNT 1톤짜리 16,000개 분량의 위력이다. 그때 질량결손은 1g이다. 1g을 물로 치면, 새끼손가락 반 마디 크기이다. 이 1g으로 도시 하나가 파괴된 것이다. 성경의 창세기 구절의 말처럼 하나님이 무에서 유를 창조하셨다.

그런데 한낱 인간이 감히 하나님이 만든 유를 다시 무로 돌려보내는 행위는 그 괘씸함에 하나님이 분노하시겠지만, 그 위력만을 보더라도 나약한 인간이 감히 다루기에는 너무나 위험한 것이다. 그러므로 핵폭탄은 인간이 가져서는 안 될 신의 무기이다. 신의 무기를 감히 인간이 가진다는 것은 인류멸망을 초래할 수 있는 것이다. 너무나 위험한 폭탄이기 때문에 아인슈타인은 처음에는 원자폭탄 개발을 반대하였다고 한다. 그렇지만 당시 2차 세계대전 기간이었고, 히틀러가 집권하는 독일에서도 핵폭탄을 개발 중이라는 첩보가 입수되어, 결국 미국 또한 개발하였다. 그런데 정작 독일에는 사용하지도 않고 승전하였고, 일본의 히로시마와 나가사키 2곳에 떨어트림으로써 2차 세계대전의 종지부를 찍었다.

어쨌든 처음으로 돌아와서, 태초에 하나님이 천지를 창조하셨다는 것은 무에서 유를 만든 것이다. 그리고 무는 에너지이고 유는 물질이다. 즉, 우주는 에너지와 물질로 되어있다. 그리고 인간도 우주와 마찬가지로 에너지와 물질로 되어있다. 감정도 인간의 일부분이므로 에너지와 물질로 분류된다.

에너지와 물질

우주는 암흑에너지가 74%이고, 암흑물질이 22%이다. 즉, 96%가 암흑에너지와 암흑물질이고, 나머지 4%만이 실제 지구, 태양, 은하계 등을 구성하는 물질이다. 우리가 아는 우주는 우주 전체에서 4%밖에 안 되는 것이다. 어쨌든 우주는 우리가 아는 것이든 미지의 것이든 간에 모두 에너지와 물질로 구성되어 있다. 처음부터 내가 있었던 것도 아니고, 내가 가지고 온 것도 없다. 나 역시 우주에서 에너지와 물질로 우연히 만들어졌다. 사람은 살아가면서 다양한 감정을 겪으며 살게 되는데 이 감정 또한 우리의 일부이므로 에너지 관련 감정, 물질 관련 감정으로 나누어진다.

정적, 동적, 방향

열역학 제2법칙인 엔트로피의 법칙은 "엔트로피(무질서도)는 증가한다."이다. 즉, 에너지와 물질은 계속 무질서한 방향으로 움직인다. 의식주는 인생에서 필수적인 것이다. 입고, 먹고, 자는 것이 해결되어야 살 수 있다. 의식주를 해결하는 과정도 자세히 보면 모두 에너지와 물질이 움직이는 것이다. 엔트로피의 법칙은 자연의 법칙이다. 이 자연의 법칙에 따라 "인생은 무질서한 방향으로 에너지와 물질이 움직이는 것이다." 라고 정의할 수 있다.

움직임에는 3개의 개념이 있다. 정적 개념, 동적 개념, 방향 개념이다. 모든 움직임은 한 점에서 어떤 방향으로 움직이는 것이다. 처음 시작점인 한 점은 정적 개념이다. 그리고 움직이는 것은 동적 개념이다. 움직일 때 움직이는 방향은 방향 개념이다. 에너지나 물질 모두 움직인다. 둘 모두 정적 개념, 동적 개념, 방향 개념이 있다.

감정 분류

인간에게는 수많은 감정들이 있다. 감정들은 특성별로 분류가 된다. 우선 2개의 대분류로 나눈다. 에너지 감정과 물질 감정이다. 각 대분류를 다시 3개의 소분류로 나눈다. 정적, 동적, 방향이다. 에너지 감정에는 에너지 정적 감정, 에너지 동적 감정, 에너지 방향 감정이 있고, 물질 감정에는 물질 정적 감정, 물질 동적 감정, 물질 방향 감정이 있다.

에너지 정적 감정은 부하 감정이다. 나에게 정적인 일정한 부하가 가해진다. 부하가 크면 부담스럽고 불편하다. 약하면 무시되고 편안하다. 그러므로 여기에 해당하는 감정은 부담, 불편, 무시, 편안이다. 부하 감정관리는 업무관리에 해당된다. 업무에 도움을 주는 감정관리이다.

에너지 동적 감정은 속도 감정이다. 여기서 속도란 나에게 가해지는 또는 내가 남에게 가하는 부하의 속도이다. 속도가 빠르면 놀라거나, 조급해진다. 느리면 지루해지거나 나태해진다. 그러므로 여기에 해당하는 감정은 놀람, 조급, 지루, 나태이다. 속도 감정관리는 시간 관리에 해당된다. 시간을 효율적으로 사용하게 해준다.

에너지 방향 감정은 적의 감정이다. 여기서 적의란 적대적인 의도를 가진 상황을 말한다. 에너지는 서로 밀치는 방향으로 힘이 가해진다. 서로 밀치면서 남을 파괴한다. 그러므로 적대적인 상황을 만든다. 이 상황에서 상대가 강하면 공포나 불안이 생기고 약하면 분노나 짜증이 생겨나게 된다. 그러므로 여기에 해당하는 감정은 공포, 불안, 분노, 짜증이다. 적의 감정관리는 분쟁관리에 해당된다. 사람이 살다보면 사람들과의 분쟁은 피할 수가 없다. 적의 감정관리를 활용하여 분쟁을 슬기롭게 해결할 수 있다.

물질 정적 감정은 가치 감정이다. 사람마다 가치가 있다. 그 시점의 가치는 정적으로 변하지 않는다. 가치가 높은 사람을 대면하면 존경 또는 시기하게 되고, 그렇지 못한 나의 모습에 자괴감 또는 수치를 느낀다. 가치가 낮은 사람을 대면하면 멸시하게 되거나 측은하게 여기게 되고,

그보다 나은 나에게는 자존감 또는 자부심이 생긴다. 그러므로 여기에 해당하는 감정은 존경/시기, 자괴/수치, 멸시/측은, 자존/자부이다. 가치 감정관리는 공적관계 관리로서 공적인 인간관계에 도움이 된다. 공적관계는 직장 동료, 사업적으로 만나는 사람들 등과의 인간관계를 말한다.

물질 동적 감정은 변화 감정이다. 여기서 변화는 가치의 변화이다. 가치가 올라가는 주체가 너이면 감탄하거나 질투하게 된다. 가치가 내려간 주체가 너이면 실망하거나 고소함을 느끼게 된다. 나의 가치가 올라가면서 남에게 기여하였을 때는 명예심을 갖게 되고, 올라간 가치에 기쁨을 갖게 된다. 나의 가치가 내려가면서 남에게 손해를 끼쳤을 때는 죄책감을 가지게 되고, 내려간 가치에 슬퍼진다. 그러므로 여기에 해당하는 감정은 감탄/질투, 실망/고소, 명예/기쁨, 죄책감/슬픔이다. 변화 감정관리도 공적관계의 인간관계에 도움을 준다.

물질 방향 감정은 호의 감정이다. 물질은 서로 만유인력으로 끌어당기는 방향으로 힘이 생긴다. 즉, 호의적이다. 호의가 많은 인간관계에서는 감사, 사랑의 감정이 생기고, 호의가 적은 인간관계에서는 미움, 미안의 감정이 생긴다. 그러므로 여기에 해당하는 감정은 감사, 사랑, 미움, 미안이다. 호의 감정관리는 사적관계의 인간관계에 도움이 된다. 사적 관계는 가족, 친지, 친구 등과의 인간관계를 말한다.

다음은 상기 감정들을 에너지와 물질을 대분류로, 정적, 동적, 방향을 소분류로 구분하여 정리한 표이다.

			너		나	
			강함	**약함**	**강함**	**약함**
에너지	**정적**	부하	부담	무시	편안	불편
	동적	속도	놀람	지루	나태	조급
	방향	적의	공포	분노	짜증	불안
물질	**정적**	가치	존경/시기	멸시/측은	자존/자부	자괴/수치
	동적	변화	감탄/질투	실망/고소	명예/기쁨	죄책/슬픔
	방향	호의	감사	미움	사랑	미안

감정사분면별 강함과 약함을 정리하여 표로 만들면 다음과 같다.

감정사분면		**강함**	**약함**
부하		힘듦	쉬움
속도		빠름	느림
적의		강함	약함
기존 가치	**능력**	잘남	못남
	상태	좋음	나쁨
가치 변화	**행위**	잘함	못함
	결과	잘됨	못됨
호의		많음	적음

통합 감정사분면

모든 감정사분면을 한 개로 통합하여 정리하면 아래와 같은 통합 감정사분면이 된다. 외워서 감정관리 비법을 내 것으로 만들자.

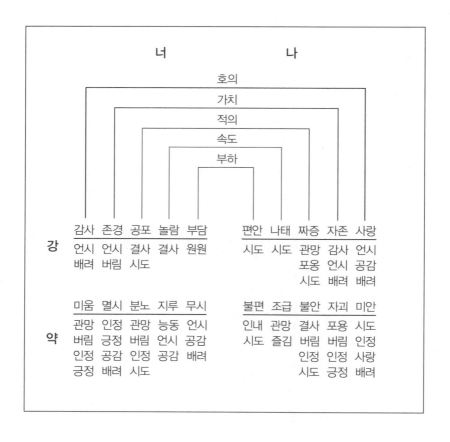

참고문헌

- 『느리게 사는 즐거움』 – 어니 J. 젤린스키 저, 문신원 역 ｜ 물푸레
- 『도시와 창조 계급』 – 리처드 플로리다 저 이원호, 이종호, 서민철 역 ｜ 푸른길
- 『창백한 푸른점』 – 칼 세이건 저 현정준 역 ｜ 사이언스북스
- 『감정사분면』 – 김영석 ｜ 지식공감
- 네이버 지식백과사전